당신의 아이에게
최고의 부모인 당신을
응원합니다!

강리라

스마일북스

# 스마일공식

강미라 지음

SMILE 사춘기 자녀와 부모가 함께 성장하는 마법의 공식

스타라잇

**차례**

**프롤로그 | 예쁘고 사랑스럽던 우리 아이는 어디로 갔을까? | 007**

## 1장 여기, 멀어진 우리 사이

왜 이렇게 화가 나지? | 020
왜 이렇게 짜증을 내니? | 028
어쩌다 이렇게 멀어졌을까? | 042
부모들은 왜 이럴까? | 053
자녀들은 왜 이럴까? | 060
자녀 양육을 제대로 하려면 | 076
스마일쌤 memo_ 내적 동기 | 088

## 2장 지금, 부모의 의식 혁명

마인드 세팅하기 | 094
긍정의 안경을 써라 | 097
기대인가? 욕심인가? | 101
통제 가능한 것 VS 불가능한 것 | 106
성장과 성장통 구분하기 | 111
착각이 불러오는 착각 | 117
자녀에게 진짜 필요한 것은? | 126
언제까지 기다려야 하나? | 132
스마일쌤 memo_ 통제 | 138

## 3장 부모라면 S.M.I.L.E.

하루 5분 의식 혁명, 스마일공식 | 142
사춘기 자녀와 화내지 않고 대화하는 방법 | 148
S. 멈추고 호흡하기 | 150
M. 진짜 메시지 찾기 | 159
I. 거울 보고 웃는 얼굴 연습하기 | 172
L. 부정어를 긍정어로 바꾸기 | 180
E. 진심을 표현하기 | 192
스마일쌤 memo_ 자아정체성 | 202

## 4장 아이가 세상을 살아갈 P.O.W.E.R.

하루 5분 성장하는 힘, 파워공식 | 206
자아정체성 성장을 위한 환경 | 209
P. 목적을 찾게 하기 | 213
O. 기회를 주기 | 225
W. 몰입할 때까지 기다리기 | 233
E. 즐기게 하기 | 242
R. 책임지게 하기 | 253
스마일쌤 memo_ 교육의 목적 | 263

**에필로그** | 너와 나를 살리는 '스마일, 파워' | 267
**부록** | 오늘의 스마일 | 272
　　　오늘의 파워 | 273

프롤로그

# 예쁘고 사랑스럽던 우리 아이는
# 어디로 갔을까?

아이들이 성장하는 것은 기적과 같습니다. 앙증맞고 작은 발로 첫발을 떼는 순간, '엄마' 하고 생애 첫 단어가 공기 중에 울려 퍼졌던 순간, 반짝이는 눈으로 집중하며 새로운 것에 빠져들었던 순간들을 가까이에서 볼 수 있는 것은 부모가 가진 큰 특권입니다. 이런 아이를 볼 때면 너무 빨리 크는 것이 아쉬우면서도 아이의 성장을 발견하는 순간 무척 기쁜 것이 부모의 마음입니다. 아이들은 자연스럽게 신체, 정서, 인지, 언어, 사회성, 관심사 등의 변화를 겪으며 성장합니다. 그런데 유독 부모님들이 힘들어하는 성장 시기가 있습니다. 바로 사춘기입니다. 교육 전문가이며 일명 '옆집 엄마'인 제가 볼 때는 사춘기 아이들의 반항하는 모습이나 예상치 못한 반응들이 흐뭇한 성장 과정으로 보이는데, 한 집에서 가까이 지내는 부모에게는 크게 혼내고 통제해야 할 모습으로 보이는 것 같습니다. 부모는 나날이 달라지는 사춘기 아이를 보며 때로는 화를 내고 강압적으로 대합니다. 혹은 당황하고 안절부절못하며 불안해합니다.

아이와 부모가 서로 힘들어하는 모습을 지켜보면서 저는 이들을 어떻게 도울 수 있을지 오랫동안 고민했습니다. 힘들어하는 부모님들과 상담을 진행할 때면 부모님들이 자녀의 성장 속도를 미처 따라가지 못하고 있다는 걸 발견하곤 합니다. 힘들어하는 아이들을 만나 이야기를 해 보면 자기도 왜 이러는지 몰라 혼란스러워하고 괴로워하는 것을 보게 됩니다. 모든 것을 다 바쳐서라도 자녀를 돕고 싶지만, 그 방법을 모르는 부모님들. 서로 소통하며 잘 지내고 싶지만, 그 방법을 모르는 아이들. 각자의 마음은 그렇지 않은데 방법을 찾지 못하고 평행선을 달리는 것이 안타까웠습니다. 그래서 부모와 아이가 서로 이해하고 성장하는 방법을 연구하였습니다. 제 전공인 '교육환경 디자인'은 학습자가 자발적이고 능동적으로 학습하도록 물리적, 심리적, 정서적 환경을 개선하는 학문입니다. 그동안 교육환경 디자인 교육 전문가로서 연구하고 적용해서 효과를 입증한, 서로 행복하게 성장할 방법을 이 책에서 공개합니다.

### 왜 결국 똑같아질까?

손끝의 가벼운 터치로 지구 반대편의 소식까지 바로 접할 수 있는 시대를 살며 많은 양육서와 강연을 접하셨을 겁니다. 그런데 왜 그때만 잠깐이고 진정한 변화는 없을까요?

저의 강연에 참석하셨던 부모님들이 가장 많이 하시는 하소연이 있습니다. 강연이나 양육서에서 배운 방법들이 어색했지만, 해 보려고 노력하셨답니다. 그런데 강연에서 배운 대화법을 시도하면 아이는 "이번엔 어디서 뭘 배우고 온 거야?"라며 받아칩니다. 양육서의 팁대로 말했는데 "또 뭔 책을 읽었어?"라고 반응합니다. 그 순간, 속마음이 들킨 것 같아 얼굴도 빨개지고 양육서로 오래간만에 맑음이었던 마음 날씨가 분노의 폭풍으로 급변하는 것을 느끼곤 하셨답니다.

대화법도 중요합니다. 결국, 자녀와 마음을 나누는 것은 언어로 해야 하니까요. 그러나 대화법은 수박 겉껍질에 해당하는 지극히 표면적인 부분입니다. 진짜 중요한 것은 빨간 수박 속살입니다. 대화법만 배우는 것은 마치 아무도 먹지 않는 수박 껍질만 먹으면서 맛이 없고 질기다고 한탄하는 것과 같습니다.

이제 부모님들이 수박 속살을 드시면 좋겠습니다. 과즙이 가득한 속살을 베어 물면 단맛은 물론이고 한여름의 더위까지 잊게 할 정도로 시원할 것입니다. 이 수박 속살에 해당하는 것이 바로 '스마일SMILE공식'입니다.

스마일공식이 집중하는 것은 바로 '부모의 의식'입니다. 자녀를 바라보는 의식을 바꾸지 않으면, 아무리 대화법을 적용하며 노력해도 아이들은 다 알아챕니다. 우리 아빠는 또 말만 저렇게 하는구나. 우리 엄마는 나를 아직도 못 믿는구나. 아이들이 이렇게 생각하는 이유는 부모가 말은 좋게 해도 무의식적으로 전하는 이중 메시지가 표정과 태도, 행동에 배어 나오기 때문이에요.

의식이 바뀌었다는 것은 자녀를 다르게 보기 시작했다는 뜻입니다. 지금 어떤 생각으로 자녀를 보고 계신가요? 예뻐서 어쩔 줄 모르는 마음인가요? 아니면 마지못해 '두고 보자'라는 마음인가요?

스마일공식을 통해 겉으로 드러난 빙산뿐만 아니라 수면 아래 있는 더 큰 의식의 빙하를 바꿀 겁니다. 이렇게 의식이 바뀌면 대화법은 조금만 연습해도 바로 적용할 수 있습니다. 만성 근육통이 있을 때, 파스를 붙이거나 진통제를 먹으면 잠시 괜찮지만, 다시 통증을 느끼게 됩니다. 반면 자세를 교정하는 운동을 하면 시간은 오래 걸리더라도 근육통을 유발하는 원인이 없어집니다. 의식을 바꾼다는 것은 자세를 교정하는 것과 같이 시간도 노력도 많이 필요합니다. 내 생각대로, 마음처럼, 계획대로 커 가지 않는 아이를 받아들이고 인정하는 건 정말 어려운 일이니까요. 그러나 아직 늦지 않았습니다. 포기하기에는 이릅니다. 매일 꾸준히 연습하면 얼마든지 자녀를 사랑스럽게 바라볼 수 있습니다. 더 나아가 자연스럽게 공감하고 경청하는 대화를 할 수 있게 됩니다.

이 책에서 소개하는 스마일공식은 이미 많은 분이 연습하고 있고, 효과를 보고 있습니다. 여러분도 연습하시면 아이와 평화롭게 소통하며 함께 성장할 수 있습니다.

## 내가 스마일 파워 하기까지

"보나마나 선생님 반이 이번에도 제일 잘하겠지!"

아이들이 발표할 일이 있을 때면 동료 교사들이 제게 자주 하던 말입니다. 저는 보여지는 것을 중요하게 생각하던 엄격한 교사였습니다. 일부러 그런 것은 아닌데, 아무래도 어릴 적부터 제가 받아 온 교육을 그대로 답습했던 것 같습니다. 아직 10살도 안 된 아이들이 무대에서 눈동자 한 번 굴리는 것도 용납하지 않고, 똑같이 움직일 때까지 거듭 연습을 '시켰'어요. 정작 노래하고 율동하는 아이들이 그 시간을 얼마나 괴로워하는지 볼 줄 몰랐었죠.

그런 엄격한 교사가 아이를 낳았으니 얼마나 극성을 떨었겠어요? 첫아이를 낳자마자 흑백 패턴 책을 아이 머리 주변에 둘러 놓고, 옹알이를 겨우 시작한 아이에게 단어를 또박또박 말해 주었어요. 제 극성이 효과가 있었는지 실제 아이는 말을 빨리 잘했습니다. 그런데 그렇게 영특한 아이가 16개월이 되어도 도통 걸을 생각을 안 하는 거예요. 걸음마 연습을 시킨다고 난리를 피우고 정보를 찾아보다가 우연히 뇌 발달에 대해서 알게 되었습니다. 뇌는 동시에 같은 속도로 발달하지 않습니다. 발달 중인 뇌 부분에 최대한의 에너지를 집중시킵니다. 그래서 언어발달이 빠르면 신체발달은 느리고, 반대로 신체발달이 빠르면 정서발달은 느릴 수 있어요. 순서의 차이가 있을 뿐 마침내 발달은 이루어집니다. 뇌 발달 공부를 통해, 제 아이가 자라는 속도를 지켜보면서 제가 믿고 있던 교육철학이 바뀌었습니다.

이전에는 주어진 시간에 제가 잘 이끌기만 하면 아이에게 기대하던 성과를 볼 수 있다고 믿었어요. 그래서 더욱 엄격하게 가르쳤죠. 그런데 제가 저지른 가장 큰 실수는 아이마다 가지고 있는 고유의 성격과 성향은 고려되지 않았다는 점입니다. 제 아이들을 키우면서 초점이 '아이'에게 맞춰져야 한다는 것을 비로소 깨닫기 시작했습니다. 저는 소중한 제 아이가 말도 잘하고, 걷고 뛰기도 빨리하고, 인지발달도 빠르고, 공감능력도 뛰어났으면 하는 바람이 있었죠. 그러나 제 아이는 말하는 것을 좋아하고 공감능력은 뛰어나지만, 신체활동을 할 때는 조심하는 아이였어요. 이 사실은 8개월부터 걷기 시작한 둘째 아이를 보며 더 확신이 들었죠. 둘째 아이는 두 돌이 지날 때까지도 '엄마'와 '아빠'를 헷갈려서 잘 못 불렀거든요.

아이들에게 훈육과 교육은 꼭 필요하지만, 강요나 강제가 아닌 아이 스스로의 배움이 일어나게 돕는 일은 생각보다 쉽지 않습니다. 아이들을 가르치는 일을 업으로 삼아 왔던 저이기에, 아이의 자발성과 주도성을 존중하면서도 보호자의 섬세한 설계와 가이드에 맞도록 아이를 성장시키기 위한 방법을 연구할 수 있었습니다. 저는 이 연구를 현장에서 적용하고 결과를 지켜보며 아이들을 '돕는' 방법을 공식화할 수 있었습니다. 이것이 바로 '파워$^{power}$공식'입니다.

제가 계획하고 원하는 목표에 맞게 아이들을 '통제'하던 저는 이제 아이가 원하는 방향으로 스스로의 속도에 맞춰갈 수 있도록 '돕는' 교사로 바뀌었습니다. 이제 어떤 동료 교사도 "이번에도 선생님 반이 1등 하겠네."라는 말을 하지 않습니다. 저희 반 아이들은 어떻게 보면 무질서해 보이고, 어떻게 보면 자유분방해 보이거든요. 그러나 그 모든 순간에 참 즐겁고 행복해 보입니다. 저는 아이들의 그 웃음이 참 좋습니다. 전에는 한 번도 볼 수 없었던 그 웃음이 제가 계속 '스마일공식'과 '파워공식'을 연구하고 적용할 수 있게 하는 원동력입니다.

## 자! 그럼, 스마일 파워 하실까요?

이 책은 총 4장으로 구성되어 있습니다.

1장과 2장에서는 너무나 멀어진 부모와 자녀의 원인을 분석하고 서로 왜 다른 입장을 가지게 되는지 현실을 파악하는 데 주력하였습니다. 그리고 이렇게 멀어진 아이와의 관계를 위해 무엇을 해야 하고 하지 말아야 할지 구분해야 하는 사항들을 다뤘습니다. 통제 가능한 것과 불가능한 것, 삶을 유익하게 할 수 있는 생각과 표현을 소개했습니다.

3장과 4장에서는 제가 오랫동안 연구하고 적용해 온 '스마일공식'과 '파워공식'을 소개했습니다. 3장에서는 부모가 자기 자신을 지원할 방법들과 부모의 눈빛을 바꾸는 스마일공식을 자세히 소개했습니다. 스마일공식이 모든 문제를 해결하는 만능열쇠가 될 수는 없지만, 한 가지 분명한 것은 이 공식을 연습한다면 자녀와의 관계가 훨씬 편안해질 것입니다. 마지막 4장에서는 사춘기 자녀의 가장 큰 과업인 자아정체성 확립을 돕는 파워공식을 소개했습니다. 사춘기 자녀들이 갖추면 성숙한 어른으로 성장하는 데 도움이 되는 다양한 방법을 다뤘습니다.

이 책은 처음부터 순서대로 읽으셔도 되고, 관계 개선이 시급한 경우에는 3장과 4장을 먼저 읽고 실천해 보셔도 됩니다. 다만, 반드시 처음으로 돌아오셔서 현재 부모와 아이의 사이가 왜 이렇게 변했는지 점검하시기를 바랍니다.

  책에 소개한 사례들은 개인정보로써 각색하거나 가명을 사용하였음을 미리 알려 드립니다.

  이 책은 마음의 성장통을 겪고 있는 사춘기 자녀들과 함께 고민하고 노력하며 자라기를 원하는 부모님들을 위해 썼습니다. 이 책을 통해 내 자녀가 잘 크고 있구나 확인할 수 있기를 바랍니다. 또한, 나만 힘든 게 아니고 내 아이도 지금 힘든 성장 과정을 겪고 있다는 것을 이해할 수 있기를 바랍니다.

  방금 문을 쾅 닫고 들어간 그 아이는 여러분의 인생에서 가장 큰 기쁨을 주었던 그 아이와 같은 아이입니다. 시험 기간에도 게임에 집중하고 있는 그 아이는, 혹시 천재 아니야? 라며 여러분을 설레게 했던 그 아이와 같은 아이입니다. 친구 전화 한 통이면 만사를 제쳐 놓고 뛰어나가는 여러분의 자녀는 아주 건강하게 자라고 있습니다. 대화를 거부하는 여러분의 자녀는 지극히 정상적으로 잘 크고 있습니다.

  저는 감히 부모님들께 말하겠습니다. 자녀가 아니라 그

자녀를 바라보면서 화가 나고 불안한 부모님들의 마음을 바꿔야 한다고요. 아이를 한쪽에서만 보지 말고, 조금만 시각을 비켜 보면 짜증 내는 아이의 옆면에 아이의 불안함이, 휴대전화만 보는 아이의 뒷면에 아이의 열정과 집중력이, 대화를 거부하는 아이의 아랫면에 도움을 간절히 호소하는 처절함과 외로움이 보이기 시작할 것입니다.

내 아이를 바로 바라보는 눈을 키워 사춘기를 지나는 자녀를 응원하고 기다려 줄 수 있는 성숙한 부모님들이 되기를 바랍니다. 기적과 같은 성장을 이룰 아이를 기대하며 아이들보다 한 살이라도 더 빠르게 성장하여 자녀의 성장을 돕는 부모님들이 되기를 격하게 응원합니다. 사춘기를 지나 곧 성인기로 입성할 자녀들을 진심으로 믿으며 기쁨으로 독립시킬 수 있는 준비를 하길 바랍니다.

그럼, 예쁘고 사랑스럽던 내 아이를 다시 찾는, 힘들지만 가장 의미 있는 여행을 시작해 볼까요?

# 1장
## 여기, 멀어진 우리 사이

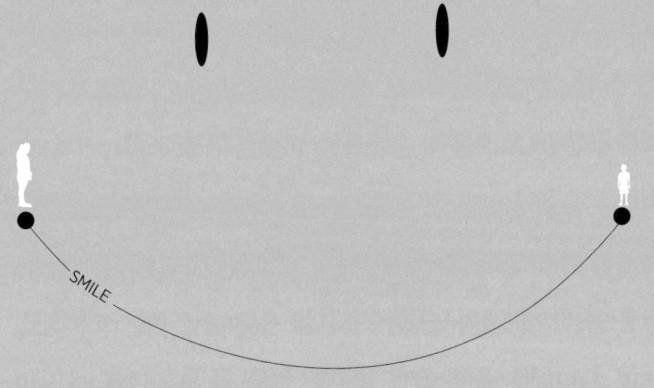

## 왜 이렇게 화가 나지?

**엄마 이야기**

쟤가 요즘에 왜 저러는지 도통 이해가 안 된다. 작년만 해도 학교 끝나고 돌아와서 조잘조잘 있었던 일들을 얘기했었는데. 요즘엔 말도 안 하고, 뭘 물어봐도 몰라도 된다며 찬바람이 쌩 분다. 세상에서 자기를 제일 위해 주는 사람이 바로 난데. 너무 답답하고 화가 난다.

지난 주말에는 가을옷 쇼핑을 같이하기로 했었다. 오래간만에 화장하고 준비까지 다하고 나왔더니 친구랑 가겠다고 그냥 카드만 달란다. 기가 막혀서! 엄마랑 같이 가기로 해 놓고 갑자기 이러면 어쩌냐고 했더니 아무리 생각해도 친구랑 가는 게 낫겠다고 모진 소리를 해 댔다. 여름방학 시작하고 친구들이랑 쇼핑을 보냈더니 얼마나 민망한 옷을 사 왔던지. 저건 옷을 입은 건지, 천만 가져다 댄 것인지, 눈을 어디다 둬야 할지 몰라서 한 소리를 했었다. 이번엔 반드시 같이 가서 점검을 해 줘야지 했는데, 또 저렇게 나오니 너무 화가 났다. 같이 안 가면 돈 안 준다고 했더니 지금까지 세뱃돈으로 받아서 모아 놨던 돈을 내놓으란다. 아, 빚쟁이가 빚 받으러 온 줄. 기가 차고, 화가 나고, 그래도 자식 이기는 부모는 없다고 결국 딸에게 마지못해 카드를 건네주었다. 제대로 된 옷을 사 오라고 당부하면서.

내 이럴 줄 알았지. 또 이상한 옷만 잔뜩 사 들고 왔다. 화장품도 샀기에 적당히 좀 하라고 한마디했더니, 적반하장도 유분수지, 글쎄 돈이 모자라서 진짜 사고 싶은 건 못 샀다고 오히려 짜증을 냈다. 아이고, 자식 키워 봤자 소용없다더니. 요즘 외모 문제로 딸과 너무 많이 부딪쳐서 속이 많이 상한다. 다 자기 좋아지라고 하는 소리인데, 왜 못 알아들을까?

뉴스를 볼 때마다 흉흉한 소식에 가슴이 덜컥한다. 계속 따라다니며 보호해 줄 수도 없고. 옷이라도 얌전하게 입고 공부만 착실히 하면 얼마나 좋을까. 멋이야 대학 가서 내도 되는 거 아닌가? 돈 달라고 할 때만 말을 섞고, 그 외에는 말 한마디 붙이기도 무섭게 차갑게 구는 딸을 어떻게 해야 할지 모르겠다. 쟤가 왜 저렇게 변했을까? 다정하고 웃는 게 예쁜 아이였는데. 빨갛게 바른 입술에서 내 마음을 찌르는 말이 나오고, 날렵하게 그린 아이라인으로 나를 흘겨보는 쟤가 정말 내가 배 아파 낳은 그 딸 맞나 의문이 드는 요즘이다.

### 아빠 이야기

안 그러려고 했는데 또 소리를 지르고 말았다. 나약한 아들을 보면 화가 치밀어 오른다. 오늘만 해도 방에 들어갔더니 또 게임을 하고 있다. 들어갈 때마다 게임 하는 아들을 보니 너무 화가 났다. 또 게임 하냐고 한 소리를 했더니 공부하다가 잠시 머리를 식혔다고 대들지 않는가? 공부하는 게 뭐 그렇게 어렵다고 머리를 하루 종일 식히는 걸까? 진짜 열심히 공부했으면 게임을 해도 뭐라고 안 한다. 지난 중간고사 점수도 떨어졌으면서 아직도 정신을 못 차리다니! 정신 상태가 글러 먹었다. 내가 방에 자주 들어가 보는 것도 아니고, 일주일에 겨우 한두 번 들어가 보는데, 그때마다 게임을 하고 있다는 것은 아예 공부를 안 하고 있다는 뜻이다. 내 아버지가 나처럼만 해 줬으면 난 아버지를 업고 다녔을 거다. 형편이 어려운 집에서 자란 나는 좁은 방을 동생들과 나눠 쓰면서 밤을 새워 가며 공부했다. 내가 고생을 너무 많이 해서 내 자식에게는 좋은 것만 주고 싶은 마음으로 최선을 다하며 살고 있다. 직장에서 볼꼴 못 볼꼴 다 보고 있지만, 처자식을 생각해서 꾹 참고 있다. 그런데 저 나약한 놈은 감사하지는 못할망정 저러고 있다. 넓고 따뜻한 방에 돈 걱정 없이 원하는 걸 다 가질 수 있으면서 어째 저렇게 답답한 행동을 할까? 좋은 말로 타이르려고 시작했는데, 귀찮다는 듯이 쳐다보지도 않고 계속 키보드를 누르며 건성으로 대답한다. 그러니 내 속이 안 뒤집힐 리가 있나? 세상 사는 것이 얼마나 팍팍한데, 왜 저렇게 생각이 없을까? 너무 오냐오냐하며 키운 게 문제인 듯싶다. 아빠가 퇴근하고 왔으면 현관문까지 달려와서 인사를 해도 모자랄 판에 이제는 방으로 찾아가도 아예 인사할 생각도 안 한다. 왜 자꾸 노크도 안 하고 방에 들어오냐고 오히려 큰소리를 쳐서 기가 막힌다. 프로 게이머가 될 것도 아니고, 공부를 어느 정도 해야 할 거 아닌가. 제 밥벌이는 하고 살 수 있을까 심히 염려된다. 인사성이라도 밝아야 사회생활을 잘할 수 있는데. 빨리 정신을 차리게 할 좋은 방법이 없을까? 기숙학교라도 알아봐야 할지. 그러면 공부를 열심히 하려나? 우선 저 답답한 꼴은 매일 안 봐도 되니 내 속은 더 편할 수도 있겠다.

### 엄마의 속마음

먼저, 엄마가 왜 이렇게 화가 나셨는지 살펴볼까요? 위 이야기에 등장한 엄마와 딸은 옷과 쇼핑 동행 여부로 갈등이 있었습니다. 결국, 엄마가 양보해서 딸의 의견을 들어주었지만, 그 과정에서 엄마의 마음이 많이 상했습니다. 이 책을 읽고 계시는 어머니들도 비슷한 경험이 있으실 거예요. 물론 배경과 상황, 등장인물은 다르지만 자녀와 갈등이 발생하는 패턴은 비슷할 겁니다. 그런데 엄마의 마음을 자세히 들여다보면 딸을 걱정하고 염려하는 게 보입니다. 딸을 사랑하는 마음에서 비롯된 것이지요. 엄마의 기준에서는 학생답게 옷을 단정하게 입는 게 안전합니다. 그래서 딸이 안전했으면 하는 바람에서 엄마는 잔소리를 더 하게 됩니다. 전에는 대화도 잘하던 딸이 엄마와 같이 쇼핑하는 걸 거부하고 친구를 선택할 때, 엄마는 마치 딸이 자신을 거부한 것 같은 좌절감을 느낍니다. 딸과 약속을 기대하면서 일찍부터 외출 준비를 했습니다. 그런데 딸이 갑자기 친구랑 쇼핑하러 가겠다고 하자 황당하기도 하고, 속도 상합니다. 이런 불안과 좌절감은 화로 표출이 되었습니다. 같이 안 가면 돈을 안 주겠다고 협박도 해 보고, 외출하고 돌아온 딸이 사 온 옷들과 화장품들을 보며 트집도 잡습니다. 말도 곱게 나가지 않습니다. 엄마의 화를 불러일으킨 불안감과 좌절감은 사실 엄마의 욕구가 충족되지 않았기 때문에 드는 감정입니다. 위의 예에서 엄마는 사랑하는 딸을 돌봐주고 필요한 조언을 하며 서로 친밀감을 나누고 싶은 욕구가 있습니다. 쇼핑도 같이하고 싶고, 옷도 골라 주며 딸과 교감을 하고 싶었던 것이죠. 이렇듯 보통 엄마들이 원하는 욕구는 자녀와의 친밀감입니다. 아이와 대화하고 서로의 필요를 채워 주며 일상을 공유할 때 느끼는 그 친밀감 말입니다.

### 아빠의 속마음

위의 예에서 나온 아빠는 아들의 방에 들어갈 때마다 게임 하는 아들의 모습을 보며 화가 많이 났습니다. 아빠는 참 성실하게 사신 분입니다. 아빠는 어려웠던 유년 시절에 최선을 다해서 공부했고, 현재는 가장으로서 경제적인 부분을 책임지고 있습니다. 아빠는 아들이 자신보다 나은 삶을 살기를 바라며 최선을 다하는데, 아들은 성적이 떨어졌는데도, 게임만 하니 한심해 보입니다. 이 책을 읽고 계시는 아버지들도 많이 공감하실 거예요.

전보다 삶이 윤택해진 요즘, 아이들은 오히려 더 나약해지는 것 같습니다. 아빠는 조금 전까지 머물던 직장이나 일터에서 느낀 힘들고 치열한 감정을 가지고 집에 돌아왔습니다. 나약해 보이는 아들이 과연 성장해서 이 험난한 사회에서 버틸 수 있을까 걱정하고 있습니다. 투사가 일어난 것이지요. 투사는 자기의 감정이나 태도를 타인에게 전가하는 것을 말합니다. '어릴 때부터 열심히 미래를 준비한 나도 이렇게 힘든데, 미래에 대한 준비는커녕 게임만 하며 노는 아들이 나중에 얼마나 더 힘들까?'라는 결론에 다다랐습니다. 이 또한 아들을 사랑하는 마음에서 비롯된 걱정입니다. 무의식중에 계산된 최악의 시나리오는 아빠를 불안하게 하고, 결국 그 불안은 아들에게 화를 내는 것으로 연결이 되었습니다. 화가 나다 보니 요새 인사를 안 하는 아들의 모습이 마치 자신을 존중하지 않는 것처럼 여겨져 서운합니다.

아빠들은 자녀에게 존경받고 싶어 합니다. 아빠의 희생과 수고에 감사를 표하고, 아빠 덕분에 편하게 살고 있다는 자녀의 인정을 받고 싶습니다. 그리고 그 인정을 자기도 아빠처럼 열심히 공부하며 미래를 준비하는 모습으로 보여 주면 좋겠다는 바람을 가지고 있습니다. 아빠의 욕구가 채워지지 않자, 아빠는 화가 나고 서운한 마음이 듭니다. 그래서 아빠는 자신의 진짜 욕구가 무엇인지 모른 채 아들이 나약하고 예의가 없다고 화를 내고 말았습니다. 퇴근 후에 반갑게 맞아 주는 아들의 인정을 간절히 원하면서 말이지요.

## 왜 이렇게 짜증을 내니?

**딸 이야기**

엄마는 정말 아무것도 모른다. 예전에는 엄마랑 쇼핑하는 것도 좋았다. 근데 이제는 친구들하고 같이 가는 게 더 좋다. 엄마랑 쇼핑하러 가면 내가 고르는 옷마다 무조건 안 된다고 해서 짜증 난다. 이게 유행이라고, 내가 좋아한다고 설명해도 들으려고도 안 하고 어디서 돈을 주며 입으라고 해도 안 입을 촌스러운 옷만 골라 온다. 엄마가 골라 준 옷을 입고 가면 왕따를 당할 거다. 지난번에는 매장에서 엄마랑 실랑이를 벌이고 있는데 우리 학교 애랑 눈이 마주쳤다. 창피했다. 걔도 엄마랑 같이 왔었다. 나를 힐끗 보고 딴 데를 보길래 나도 모른 척했다. 근데 내가 골랐다가 엄마의 반대로 내려놓은 옷을 집는 게 아닌가. 걔 엄마는 "잘 어울리네."라고 하더니 바로 계산했다. 아, 내가 먼저 골랐는데, 엄마 때문에 저 옷도 못 산다. 우리 학교 애랑 같은 옷을 입을 수는 없으니까. 완전 짜증 나. 그 후로 엄마랑은 쇼핑 안 가기로 했다. 이번에 너무 같이 가자고 해서 대충 알았다고 했는데 진짜 같이 가려고 나설 줄은 몰랐다. 나도 엄마랑 같이 쇼핑 가고 싶다. 엄마랑 같이 나오는 애들을 보면 살짝 부럽기도 하다. 근데 엄마랑 나는 취향도 다르고, 말도 서로 안 통해서 함께 할 수가 없다. 원하는 옷도 못 사고 엄마랑 언성만 높일 거다. 그래서 카드만 달라고 해서 쇼핑을 다녀왔다. 옷을 사기는 했다. 그래도 엄마랑 그렇게 하고 나와 마음이 편치는 않았다. 미안한 마음에 돈도 아껴 썼다. 꼭 사고 싶은 화장품이 있었는데 그것도 참았다. 친구들은 나보다 한두 개씩 더 많이 샀다. "너는 안 해?"라는 친구의 말에 관심 없는 척했다. 근데 엄마는 아무것도 모르고 왜 이런 옷을 샀냐, 왜 화장품은 많이 샀냐면서 뭐라고 하신다. 난 엄마 생각하느라 나름 아껴 썼는데, 아침에 미안했던 마음이 쏙 들어갔다. 어서 빨리 커서 사고 싶은 거 다 사고 싶다. 내 마음도 모르고 잔소리만 하는 엄마 때문에 너무 답답하다.

## 아들 이야기

잠시만 참으면 곧 끝난다. 아빠가 소리 지를 때마다 하는 생각이다. 아빠는 안 좋은 일이 있으면 나에게 와서 시비를 거는 거 같다. 일부러 시비를 거는 게 아니면 저렇게 하실 수가 없다. 방에 들어올 때도 노크도 없이 문을 연다. 나도 프라이버시가 있는데, 아빠가 나를 무시하는 거 같아 짜증이 난다. 이번 학기부터 국·영·수가 너무 어려워졌다. 열심히 한다고 했는데, 중간고사 때 성적이 떨어졌다. 그래서 학원도 옮겼다. 우리 반 1등이 다니는 학원으로. 당연히 학원비도 비싸졌다. 나한테 돈이 많이 들어가니 이번 기말고사 때는 성적이 잘 나와야 한다. 부담이 크다. 그런데 이런 생각을 할 때마다 머리가 너무 아프다. 오늘도 학원을 다녀와서 숙제하려는데 머리가 아파서 잠시 게임을 하기로 했다. 알람도 맞춰 놨다. 딱 30분! 기분 전환하고 새벽까지 공부하려고 게임을 시작한 지 5분도 안 되었는데 문이 벌컥 열렸다. 아빠는 다짜고짜 또 게임 하냐며 소리를 지르신다. 잠깐 했다고 말해도 들으려고도 믿으려고도 안 하신다. 억울하다. 진짜 5분밖에 게임 안 했는데. 아빠는 사실 나한테 관심이 없다. 아빠 시간 편할 때 와서는 마음에 안 드는 게 하나라도 발견되면 오늘처럼 소리만 지르다 나가신다. 그래서 한 귀로 듣고 한 귀로 흘리는 게 상책이다. 나도 할 말이 많지만, 어차피 아빠는 듣지 않을 테니까 그냥 대충 대답한다. 잠깐만 버티면 방을 나가실 테니. 그러면 당분간은 조용히 넘어갈 거다. 예상했던 대로 아빠가 나가셨다. 밖에서 엄마에게 화를 내는 소리가 들려온다. 왜 애들이 인사도 제대로 안 하냐며 뭐라고 하신다. 무슨 말만 하면 저렇게 화를 내시니 솔직히 아빠랑 마주치기 싫다. 열심히 하고 있는데, 그건 봐주지도 않고 성적만 가지고 소리치는 게 싫다. 퇴근할 때 나와서 인사하기를 바라시면 먼저 인사하고 싶은 마음이 들게 해야 하는 게 아닐까? 난 커서 아빠 같은 어른이 되고 싶지 않다. 진짜 아빠처럼 되기가 싫다.

### 딸의 속마음

위에 언급한 사례 속 딸은 엄마와 함께 쇼핑하는 것을 거부합니다. 그러나 실은 엄마와 같이 쇼핑하고 싶어 하는 속마음을 가지고 있습니다. 그래서 우연히 만난 친구와 친구 엄마 사이가 좋아 보이는 것을 부러워합니다. 친구 엄마가 자기가 마음에 들어 하던 옷을 바로 결제해 주는 것을 보면서 그 부러움은 더 커집니다. 결코, 엄마는 자기가 원하는 대로 해 주지 않을 거란 생각에 엄마와 쇼핑하는 것을 거부하기로 합니다. 딸은 엄마와 함께하고 싶은 마음이 있지만, 그보다는 엄마가 자신의 욕구를 채워 주지 않을 때 느끼는 상실감이 너무 큽니다. 자기가 마음에 든다고 설득해도 들어주지 않는 엄마를 보면서 답답하기도 하고, 자신의 취향을 이해 못 하는 엄마에게 서운한 마음도 듭니다. 결국, 엄마의 잔소리를 피하려는 마음이 엄마와 함께하고 싶은 마음보다 더 크다 보니 엄마에게 가까이 다가가는 것을 포기합니다. 엄마와 쇼핑하러 가지 않는 딸의 속마음은 엄마를 밀어내고 거부한다는 뜻이 아닙니다. 다만, 엄마의 잔소리로부터, 엄마의 반응으로 느낄 상실감으로부터 자신을 보호하고자 하는 안전장치입니다. 자기가 원하는 스타일의 옷을 편하게 구매하고 싶고, 친구들과 시간을 보내며 소속감과 친밀감을 충족하고 싶은 거지, 그것이 엄마를 미워한다는 의미는 아닙니다. 딸은 엄마를 사랑하고 있습니다. 엄마와 언성을 높이고 나와 마음이 편하지 않습니다. 그래서 가지고 싶은 화장품도 돈을 아끼며 꾹 참습니다. 엄마를 사랑하는 마음에서 비롯된 행동입니다. 그러나 엄마가 자기의 마음을 몰라주면 서운하고 속이 상하는 것은 어쩔 수가 없습니다. 성숙하게 표현할 방법을 몰라 짜증 난다는 말만 반복하지요. 실제 자녀는 엄마가 자기를 더 이해해 주기를 바랍니다. 그리고 엄마와 친밀하게 지내고 싶어 합니다. 앞 장의 사례 속에서 엄마가 간절히 원했던 그 친밀감을 자녀도 간절히 원합니다.

### 아들의 속마음

아들은 어떤 마음으로 입을 꾹 다물고 대꾸조차 하지 않을까요? 겉으로 나타난 표현은 아빠의 조언을 무시하고, 인사도 안 하는 예의 없는 모습입니다. 그러나 실상은 다릅니다. 아들도 아빠를 사랑하고 있습니다. 누가 화를 내는데 받아치지 않고 듣고만 있기는 쉬운 일이 아닙니다. 아들은 아빠를 존중하는 마음으로 할 말이 많지만, 꾹 참고 견딥니다. 잠깐만 참으면 된다고 자신을 스스로 위로하면서 말이지요. 그렇다고 야단맞는 것이 좋지는 않습니다. 그래서 아빠와 부딪치지 않기 위해 최대한 피합니다. 자신을 아빠의 분노로부터 보호하고, 자기가 다음에 어떻게 반응할지 자신이 없으니, 아빠를 자신으로부터 보호하기 위해서 최선을 다하는 중입니다. 또 비싼 학원으로 옮겨서 부모님께 감사한 마음만큼 성적에 대한 중압감을 느낍니다. 두통이 심할 정도로요. 부모님들이 가장 많이 오해하시는 부분은 아이들이 성적에 관심이 없다고 생각하는 것입니다. 그렇지 않습니다. 오히려 아이들이 더 많이 불안해하고 스트레스를 받습니다. 아직 어리기는 하지만 사춘기 아이들은 지금 사는 인생이 자기 것임을 잘 알고 있습니다. 자기 인생을 잘 꾸려 가고 싶어 합니다. 공부를 잘해서 부모님과 선생님들에게 인정도 받고 싶어 합니다. 자랑스러운 자녀가 되고 싶습니다. 그런데 공부가 어디 마음대로 되는 일인가요? 열심히 한다고 공부를 잘하면 우리 모두 전교 1등을 했겠지요. 아이들도 딱 그런 마음입니다. 잘하고는 싶은데, 실제 성적이 잘 나오지 않으니 괴로워합니다. 그래서 나름대로 게임도 하고, TV도 보고, 친구들과 수다를 떨며 스트레스를 해소하려고 노력합니다. 부모님이 볼 때 저렇게 놀고 싶을까 싶겠지만, 쉬고 있다고 걱정이 없는 것은 아닙니다. 공부를 못한다고 공부 스트레스를 안 받는 건 아닙니다. 그런데 아빠가 게임만 하고 공부를 안 한다고 말하니 아들은 억울합니다. 게임을 시작한 지 진짜 5분밖에 안 되었으니까요. 그리고 공부 스트레스를 엄청나게 받고 있으니까요. 아들이 억울한 이유는 아빠가 자기 말을 듣지도, 믿지도 않기 때문입니다.

그 억울함 이면에 아들이 원하는 진짜 욕구는 존경 욕구입니다. 아빠가 내 말을 들어 주면 좋겠다. 내 말을 믿어 주면 좋겠다. 자신을 존중해 주기를 간절히 바라고 있습니다. 사실 아들도 아빠가 아들에게 그토록 바라던 인정을 아빠로부터 받고 싶어 합니다. 아빠로부터 인정받지 못할 때마다 아들의 마음이 아픕니다. 아빠가 퇴근하시면 모르는 체하고 방에 있거나 피하는 아이의 속마음은 이런 아픔 때문일지도 모릅니다.

## 자녀의 진짜 욕구

부모님들이 이해가 안 되고 답답한 만큼 아이들도 답답합니다. 키도 덩치도 커졌지만, 사춘기 자녀들은 아직 자라고 있는 아이들입니다. 법적으로 미성년인 것뿐만 아니라 뇌 발달도, 마음의 발달도 진행 중입니다. 자기 마음대로 하는 것처럼 보여도 사실 부모님에게 많이 의지하고 있습니다. 아직 부모님의 도움이 필요하니까요. 그런데 잔소리를 들으면 모든 생각이 멈추고 감정적으로 대하게 됩니다. 그 이유는 발달 중인 전두엽과 호르몬에 있습니다.

전두엽은 상황에 대한 이해력, 감정 조절, 계획 및 해결 능력, 충동 조절과 주의 집중력 조절, 결과 예측을 주로 담당하는 뇌입니다. 뇌 과학자들은 10대의 뇌를 리모델링 중이라고 표현합니다. 영유아기 때 1차로 뇌 발달이 완성되고, 2차로 뇌 발달이 이루어지는 시기가 바로 사춘기 때입니다. 신경세포 간에 정보를 주고받는 시냅스가 많이 다니는 길을 위주로 강화가 되고, 잘 다니지 않는 길은 소멸하는 일명 가지치기가 이루어집니다. 그래서 영유아기를 뇌 모델링 기간, 청소년기를 뇌 리모델링 기간이라고 부릅니다.

집 리모델링을 해 보신 적이 있으세요? 저는 상황과 여건이 안 돼서 생활하는 집 리모델링을 한 경험이 있습니다. 가구들과 살림들을 한쪽으로 모으고 비닐로 꼼꼼하게 덮었습니다. 그러나 공사하는 동안 분진이 얼마나 많이 나오는지 싸 놓은 비닐은 아무 소용이 없었습니다. 리모델링을 한 후에 깨끗한 타일과 바닥은 마음에 들었지만, 기존에 있던 가구들과 세간에 뽀얗게 앉은 분진을 치우느라 고생했습니다. 뇌 리모델링 중이란 것은 이와 같습니다. 기존에 하던 뇌 기능을 유지하면서 한쪽에서는 공사를 진행하다 보니 공사가 진행되는 전두엽 부분은 제대로 역할을 하지 못합니다. 그리고 다른 뇌 부분들도 분진으로 뿌옇게 되는 것처럼 본 기능을 실행하기가 어렵습니다.

사춘기의 또 다른 큰 변화는 호르몬입니다. 성장기에 나타나는 몇 가지 호르몬 양의 변화가 아이들의 행동에 영향을 미칩니다. 남자아이 경우가 더 두드러지지만, 남자아이와 여자아이 모두 사춘기 시기에 남성 호르몬인 테스토스테론의 분비량이 증가합니다. 연구에 따르면 무려 40%나 증가한 테스토스테론의 영향으로 사춘기 때 공격성과 충동성이 증가합니다. 대화 중에 갑자기 버럭 화를 내거나 욕을 하기도 합니다. 별일 아닌데 친구들과 몸싸움하기도 하고, 심하면 자해하거나 목숨이 위험한 행동도 서슴지 않습니다. 이런 행동의 원인은 테스토스테론 호르몬 증가에 있습니다.

두 번째로 주목할 호르몬은 도파민입니다. 칭찬 스티커와 같이 보상으로 분비되는 도파민은 사람의 기분을 좋게 하는 신경전달 물질입니다. 몰입 호르몬이라고도 불리는 도파민이 적당하게 분비될 때, 동기부여가 생기고, 해야 할 일을 즐겁게 할 수가 있습니다. 학업은 물론이고 자아정체성을 형성하는 사춘기 시기에 꼭 필요한 호르몬이죠. 그런데 안타깝게도 도파민은 유독 스트레스에 취약합니다. 학업과 또래 관계, 자신의 미래 등에 대해 스트레스가 증가하는 사춘기 때 도파민 분비량이 줄어듭니다. 이에 따라 사춘기 아이들이 무표정한 모습으로 있거나 심드렁하게 반응하기도 하고, 학업이나 당면한 과제에 집중하지 못하기도 합니다.

줄어든 도파민의 영향을 최소화하기 위해 달걀, 견과류, 두부, 연어, 치즈와 같은 유제품을 섭취하면 좋습니다. 이 식품들은 세로토닌이라는 호르몬의 수치를 증가시키는 데 도움을 주는 음식들입니다. 세로토닌은 행복 호르몬이라고 불릴 정도로 마음의 평안을 유지하게 하는 호르몬입니다. 다행히 세로토닌은 필수 아미노산으로부터 유도되어 생성됩니다. 즉, 음식을 섭취해서 세로토닌을 증가할 수 있다는 뜻입니다. 스트레스에 취약한 도파민 분비량 감소를 줄이기 위해 세로토닌의 분비를 늘리는 게 좋습니다. 감정적으로 예민한 사춘기 아이들이 안정을 찾고 집중하는 데 도움이 될 것입니다.

뇌의 리모델링과 호르몬의 급격한 변화가 사춘기 아이 안에서 지금 일어나고 있습니다. 다만, 겉으로 나타나는 반응은 반항하고 감정 기복이 심한 모습입니다. 아이도 자기가 왜 이렇게 불만스럽고 짜증이 나는지 잘 모릅니다. 리모델링 공사가 끝나고, 먼지를 치우고, 가구를 다시 제자리에 놓으면 한결 보기 좋고 마음이 편한 것처럼 우리 아이 뇌 리모델링 공사가 끝나면 아이 스스로 내가 왜 그렇게 힘들었는지 알게 됩니다. 그때가 바로 철이 든다고 표현하는 시기입니다. 철이 들기 전까지 아이들은 혼란스러운 상태에서 생활하게 됩니다. 지극히 정상적이고 자연스러운 현상입니다. 이때, 부모님들이 자녀가 발달 중인 것을 인지하고 이해하는 것이 중요합니다.

부모와 자녀의 속마음과 욕구를 연구하다가 재미있는 사실을 발견했습니다. 처음 연구를 시작할 때는 부모와 자녀의 욕구가 다를 거라는 가설을 세웠습니다. 그런데 실상은 성별에 따라 욕구가 다르게 나타났습니다. 여성들은 소속감과 친밀감의 욕구가 가장 두드러지게 나타났고, 남성들은 인정과 존경의 욕구를 채우기를 원했습니다. 엄마와 딸은 표현하는 방식이 달랐지만, 서로 혹은 타인과 시간을 함께 보내고, 대화하고 공감하며, 마음을 나누기 원했습니다. 나이를 불문하고 여성들이 친구들과 시간을 보내고 싶어 하는 이유가 바로 친밀감 때문입니다. 반면에 아빠와 아들은 인정받기를 원합니다. 남성들은 자신의 존재 이유와 자아효능감을 인정으로부터 찾습니다. 특히 자기가 존경하는 권위자로부터 인정받고 싶어 합니다. 아무리 좋은 직장이나 훌륭한 일을 하고 있어도 인정받지 못하면 힘들어하고 괴로워합니다. 일반화할 수 없지만 대체로 남성들은 인정 욕구가, 여성들은 공감의 욕구가 강합니다.

부모와 자녀 사이에 갈등이 발생하는 이유는 욕구를 인지하지 못해서인 경우가 많습니다. 서로 너무 다르다고, 왜 저러는지 이해를 못 하겠다고, 답답하고 힘들다고, 서로 고개를 돌려 버립니다. 그렇게 서로를 탓하며 소중한 시간을 덧없이 흘려보냅니다. 공감과 친밀감을 원하는 여자아이의 욕구와 인정과 존경을 원하는 남자아이의 욕구는 엄마와 아빠의 욕구이기도 합니다. 성별에 따라 같은 욕구를 가진 것을 인지하셔서 아이의 진짜 욕구를 채워 주시기를 바랍니다. "너도 나처럼 친밀하게 공감받고 싶어 하는구나."라고 솔직하게 다가가시기를 바랍니다. "너도 나처럼 인정받고 싶었구나."라고 진솔하게 표현하시기를 바랍니다.

## 어쩌다 이렇게 멀어졌을까?

어쩌다가 사춘기 자녀와 부모 사이가 이렇게 되었을까요? 엄마와 아빠만 의지하던 아이는 자기가 알아서 하겠다며 부모님의 접근과 참견을 금지합니다. 아이가 웃는 모습만 봐도 하루의 피로가 풀리던 부모님은 아이 때문에 만성피로가 생깁니다. 흔히 사춘기를 '질풍노도'의 시기라고 표현하는 것만 봐도 동서고금을 넘어 사춘기가 힘든 시기임은 분명합니다. 그러나 요즘 더 힘들고, 어렵게 느껴지는 것은 왜 그럴까요? 저는 그 이유를 크게 세 가지라고 생각합니다. 부모인 우리가 자라던 시대보다 자녀들이 자라는 현재는 비교와 경쟁이 더 치열해졌습니다. 그로 인해 성장에 필요한 가치가 달라졌습니다.

### 비교 시대를 살다

부모님들이 어렸을 때만 해도 골목 문화가 있었습니다. 아파트들이 들어서고는 있었지만, 여전히 주택가가 더 많았고 학교가 끝나면 동네 놀이터에 모여 친구들과 해 질 녘까지 놀던 추억이 있습니다. 2015년 tvN에서 방영된 드라마 〈응답하라 1988〉의 인기가 높았던 것도 골목 문화의 추억이 공감되었기 때문이라고 생각합니다. 극 중 선우 동생 진주가 1980년 초반생으로 그려졌습니다. 진주도 지금쯤 사춘기를 시작하는 자녀를 키우며 예전에 놀던 골목을 그리워하고 있을 거예요.

반면 우리 아이들은 개인주의 성향이 강조되는 환경에서 유년 시절을 보내고 있습니다. 바깥 놀이 시간을 늘리려고 노력하는 부모님들이 제일 먼저 마주하는 상황은 아이들과 밖에서 같이 놀 친구들이 없다는 사실입니다. OECD

가입국들의 평균 주당 학습 시간이 33시간이지만, 한국은 40~60시간입니다. 자연스럽게 친구들과 놀 시간은 줄어듭니다. 하교 후에 친구들과 놀 수 있는 유일한 시간이 이 학원에서 저 학원으로 이동하는 시간입니다. 가구당 자녀 수가 줄어든 것도 개인주의를 부추기는 데 일조했지요.

요즘 아이들은 놀 친구만 없는 게 아니라 밤에 이불을 뒤집어쓰고 킥킥대며 웃을 형제자매도, 방학 때면 만나서 놀러 다닐 사촌들도 없는 경우가 많습니다. 공동체 의식이 강화되던 부모 세대보다 개인주의가 팽배해진 요즘, 안타깝게도 비교와 경쟁의식은 높아지고 있습니다.

비교가 무조건 나쁜 것이 아닙니다. 비교는 필요합니다. 적당한 비교는 성장을 가속하는 촉매제가 되기도 합니다. 다만, 비교하는 요건들이 중요합니다. 나 자신의 과거와 현재 성장을 확인하는 비교는 해야 합니다. 작년보다 키가 얼마나 컸는지, 몸무게는 얼마나 늘었는지, 배움이 제대로 이루어지고 있는지 반드시 비교해 보아야 합니다. 지양해야 할 것은 나와 남의 비교입니다. 특히 부모님들이 주의하셔야 합니다. 옆집 아이보다 내 아이 키가 얼마나 큰지, 성적은 얼마나 높은지, 가진 게 얼마나 많은지 비교하기 시작하는 순간 불안이 엄습해 옵니다. 불안은 꼭 1+1 상품으로 찾아옵니다.

아내의 불안이 남편에게, 남편의 불안이 아이에게, 마치 순식간에 번지는 불과 같이 집 안 전체를 태워 버립니다.

레온 페스팅거Leon Festinger가 '사회 비교' 이론[1]에서 말하길 사람은 끊임없이 다른 사람과 비교하며 자신을 평가한다고 합니다. 사회 비교 이론을 확인할 수 있는 흥미로운 연구가 있습니다. 참가자들에게 A라는 나라와 B라는 나라 중에 살고 싶은 곳을 선택하게 했습니다. A에서는 7천만 원을, B에서는 7억 원을 연봉으로 받을 수 있습니다. 여러분은 어느 나라에 살고 싶으세요? 당연히 B겠지요. 그런데 참가자들은 모두 A에서 살겠다고 답했습니다. 왜 그랬을까요? 그다음 조건 때문입니다. A 나라의 평균 연봉은 5천6백만 원이고, B 나라의 평균 연봉은 14억 원이었습니다. 이 실험 참가자들처럼 사람들은 7억 원이 훨씬 큰 가치이지만, 다른 사람과 비교해서 적게 받는 거라면 반갑지 않습니다. 실제 가치는 7천만 원이 더 적지만, 주변 사람들보다 높은 연봉인 7천만 원을 선택하고 만족해합니다. 타인과의 비교로 인한 불안이 적은 수입보다 더 무서운 법입니다.

---

1 출처 : 『마음의 법칙』, 폴커 키츠, 마누엘 투쉬 저, 김희상 역, 포레스트북스, 2022년 2월 10일

비교로 인한 불안감이 높아지는 요즘, SNS를 통한 상향 비교도 심각한 문제로 대두되고 있습니다. 비교는 나보다 높은 사람과 비교하는 상향비교, 비슷한 사람과 비교하는 유사비교, 낮은 사람과 비교하는 하향비교가 있습니다. 사람들은 SNS에 좋은 모습, 자랑하고 싶은 순간들을 공유하고, 이로 인해 다른 사람과 상향비교를 하게 됩니다. 그에 따라 상대적 박탈감, 시기심, 질투 같은 감정들을 느끼고 더 나아가 우울감, 불안증, 강박 등의 정신질환도 심해집니다.

## 경쟁 시대를 살다

SNS와 스마트폰은 물리적 공간의 한계를 뛰어넘어 멀리 있는 사람들과도 끊임없이 비교 가능한 환경을 제공해 줍니다. 비교의 늪에 빠지면 경쟁이라는 수분을 가득 머금은 진흙이 몸을 끌어내리며 옴짝달싹 못 하게 만들어 버립니다. 치열한 학업 경쟁은 물론이고 키와 외모, 부모님의 재력과 아파트 평수, 타고 다니는 차와 해외여행 경험 등까지 비교할 수 있는 것들은 모두 경쟁요소가 됩니다. 무엇이든 적당하면 괜찮은데, 과하거나 부족하면 문제가 생깁니다. 경쟁도 적당히 하면 사람이 성장하는 밑거름이 될 수 있습니다. 그러나 경쟁이 과열되면 배우는 과정은 무시하고 이기는 결과에만 집착하게 되고 경쟁심이 없으면 배우는 과정을 지속하기가 어려워 중도에 포기하게 될 가능성이 높습니다. 요즘 아이들은 과열된 심한 경쟁으로 배우는 기쁨과 협력하는 즐거움을 잊어 가고 있습니다. 친구와 동료 개념이 경쟁자의 개념으로 바뀐 지가 오래되었습니다. 안타까운 일입니다. 특히 성장기에 심하게 경쟁하다 보면 가중되는 스트레스로 인해 마음에 멍이 듭니다. 피부에 든 멍은 눈에 쉽게 띄어서 조심만 하면 점점 옅어집니다. 그러나 눈에 보이지 않는 마음의 멍은 눈에 띄지 않아 스트레스를 계속 받으며 점점 더 짙어집니다. 장기간 노출된 경쟁은 원래 마음의 색이 무엇이었는지 알아볼 수 없을 정도로 변색되고 착색되고 맙니다. 그리고 그렇게 성장한 아이들은 비교와 경쟁을 스스로 부추기고 악순환의 쳇바퀴를 돌며 힘겹게 살아갑니다. 그게 아프고 힘든 것인지도 인식하지 못한 채로요. 이것이 비교와 경쟁이 가져온 스트레스의 결과물이라 할 수 있겠습니다.

본래 스트레스는 물리학에서 어떤 물질에 가해지는 힘을 일컫는 말이었습니다. 이제 스트레스는 정신적으로 가해지는 힘으로 통용되고 있습니다. 힘의 크기보다는 노출된 시간이 스트레스 지수를 결정합니다. 예를 들어, 책 한 권을 드는 것과 열 권을 드는 것을 비교하면 당연히 열 권을 드는 것이 힘듭니다. 그렇다면 책 열 권을 1분 드는 것과 한 권을 열 시간 들고 있는 것은 어떨까요? 후자가 훨씬 힘들 겁니다. 스트레스는 받았을 때 적절하게 해소해 주어야 탈이 없습니다. 그런데 현대 사회에서 특히 우리 아이들은 해소하지 못한 스트레스에 장기적으로 노출되고 있습니다.

단순 육아법의 창시자 킴 존 페인Kim John Payne은 그의 저서 『맘이 편해졌습니다』에서 청소년기를 '마음의 고열'이 나는 시기라고 표현했습니다. 이미 마음에 열이 나고 있는 아이들에게 스트레스는 직격탄이 됩니다. 열감기로 아파하는 중에 아주 무거운 물건과도 같은 스트레스를 들고 있는 것은 더 힘드니까요. 그런데 아이도 부모도 시대 흐름에 몸을 맡긴 채 비교와 경쟁의 강을 떠다니기만 합니다. 어서 강에서 뭍으로 빠져나와야 하는데, 다들 강에 들어가 있으니 뭍으로 나가는 방법도, 나가는 길도, 심지어 뭍이 있다는 사실도 잊은 듯합니다. 우리는 스트레스를 어떻게 다루는지 그리고 당면한 문제를 어떻게 해결해야 할지 집중하고 깊이 고민해 봐야 합니다. 그러나 현실은 강에서 헤엄을 더 빨리 잘하기 위해 수영을 연습하고, 배 같은 동력을 구하려고 안간힘을 쓰는 데만 집중하고 있습니다. 소위 말해 스펙 쌓기라고 하지요. 그래서 참 바쁩니다. 자녀도 바쁘고 부모는 더 바쁩니다. 대화할 시간은 고사하고 휴식할 시간, 공감하고 마음을 나눌 여유시간이 없습니다. 모두 지쳐서 번아웃 증상과 무기력증, 우울증에 시달리고 있습니다.

잠시 멈춰서 우리가 어디에 있는지 왜 이렇게 힘든지 실상을 보면 좋겠습니다. 강에서 나오십시오. 처음에는 젖은 옷도 불편하고 장기간 물속에 있어 몸도 무겁게 느껴지겠지만, 시간이 지나면서 회복될 것입니다. 자녀에게 과도한 경쟁으로 인한 멍을 상처로 물려주지 않고, 부모와 자녀 모두 건강하고 행복하게 살았으면 좋겠습니다.

## 다른 세대가 함께 살다

전보다 풍족한 시대입니다. 그런데 부모 세대보다 많은 것을 누리는 요즘 아이들은 힘들어합니다. 뭐가 힘드냐고 '라

때'와 비교하시는 분들이 계실지 모르겠습니다. 그러나 다 같이 없고 힘들던 때에 공동체 의식으로 서로에게 위안받으며 살았던 부모들과 다르게 요즘 아이들은 다 함께 누리게 된 풍요를 공유할 누군가가 없어 외로워합니다. 홍수가 나면 마실 물이 없는 것처럼 SNS에 친구는 가득하나 마음을 터놓을 진짜 친구는 별로 없습니다. 사회적 동물인 인간에게 치명적인 상황입니다. 전 세계가 팬데믹으로 온라인 수업을 들은 지난 3년 동안 아이들은 더 외로워졌습니다. 코로나 블루와 함께 사회 불안장애 Social anxiety disorder가 늘어나는 추세입니다.[2]

외로움과 함께 요즘 아이들이 힘든 이유는 또 있습니다. 예전보다 너무 많이 주어진 선택의 자유입니다. 선택을 많이 할 수 있는 것은 언뜻 좋게 보이지만 실제로는 그렇지 않습니다. 메뉴가 50개 정도 되는 식당에 가 보신 적 있나요? 선택사항이 너무 많으면 결정 내리기가 쉽지 않습니다. 아이들도 이와 같습니다. 자유롭게 주어진 선택의 기회들이 아이들을 불안하게 합니다. 가장 좋은 선택을 해야 한다는 압박

---

[2] 출처 : 박주연 기자, '코로나 블루' 어린이 청소년 우울증 급증, 적극적 관심 필요, 한국일보, 2022년 2월 7일 기사

으로 아이들에게 선택 자체가 스트레스가 됩니다. 하나를 선택하면 그만큼 포기해야 하는 선택들이 많아져 불안이 가중됩니다. 선택한 후에도 다른 것을 선택했어야 하는 게 아닌지 끊임없이 후회하게 됩니다. 그러다 보니 후회하고 감정을 추스르는 데 많은 에너지를 쓰게 되고, 선택한 일을 집중하여 처리할 에너지는 상대적으로 적어집니다. 결국, 좋은 결과를 낼 수가 없게 됩니다. 이로 인해 아이는 실패감을 경험하고 다음번에 선택하는 것은 더 힘들어하게 됩니다. 이러한 악순환의 고리를 끊으려면 경계를 설정해서 선택사항을 줄여 주어야 합니다. 자율성이 걱정되시는 분도 계실 겁니다. 그러나 설정해 준 경계 안에서 선택의 자유를 주시면 선택사항이 많았을 때보다 아이가 안정감을 느끼게 됩니다.

　AI의 출현으로 현존하는 직업이 미래에 상당수 사라질 전망입니다. 우리 아이들이 직업을 가지고 일할 때는 그 현상이 더 두드러지겠지요. 대한민국에서 사는 이상, 아니 지구에서 사는 이상 시대와 동떨어져 살 수는 없습니다. 그렇다고 시대가 요구하는 대로 순응하며 살 필요도 없습니다. 가까운 미래에 사람이 고유하게 할 수 있는 직업들만 남을 것입니다. 아이 자신만의 변하지 않을 가치를 세우고 삶에

만족하도록 도와주십시오.

그러려면 부모님들이 먼저 삶의 중요한 가치를 세워야 합니다. 부모님의 청소년기에 삶의 가치를 세웠더라면 좋았을 테지만, 만약 그때를 놓쳤다고 생각하면 지금이라도 하면 됩니다. 불안한 마음 때문에 주저하지 마시고, 지금이라도 할 수 있는 것에 집중하세요.

## 부모들은 왜 이럴까?

1장 여기, 멀어진 우리 사이

아이에게 버럭 화를 내고 싶은 부모님은 안 계실 겁니다. 그런데 아이와 대화하다 보면, 아이를 바라보고 있으면 나도 모르게 울컥 화가 나는 자신을 발견하실 때가 있으실 거예요. 우리는 왜 이렇게 화를 내게 되었을까요? 눈에 넣어도 안 아프다고 여기며 꿀이 뚝뚝 떨어지는 눈빛으로 아이를 바라보던 우리 자신은 도대체 어디로 갔을까요?

## 중년의 부모들

사춘기 자녀를 둔 부모님들의 나이는 보통 30~50대입니다. 30~50대는 사회적으로 한창 왕성하게 일하는 시기입니다. 지금까지 열심히 살아온 만큼 미래에 대한 불안이 커지는 때이기도 합니다. 직장생활을 하든, 사업을 하든, 20~30년 가까이 버티며 올라왔어도 사회적·경제적으로 바라던 만큼 안정을 이루지 못해 좌절감을 느끼기도 합니다. 또 은퇴가 얼마 남지 않았다는 생각에 걱정은 늘어납니다. 아직 자녀들이 어린데, 아이들도 가르치고 자신의 노후도 준비하려니 버거운 마음이 드는 것입니다. 거기다 이제 연로해지신 부모님의 병원비, 간병비, 생활비 등 늘어나는 지출도 부담이 됩니다. 자녀 양육을 위해 가정에서 시간을 보낸 어머니들의 상황도 비슷합니다. 한참 손이 많이 가던 영유아기와 아동기를 지나니 몸이 바쁘던 시기는 지나갔습니다. 되레 시간이 남는 느낌이 듭니다. 그러나 10대 자녀들이 뜻대로 되지 않는 상황을 겪으면서 지금까지 무엇을 위해 헌신을 했나 마음이 우울해지기도 합니다. 요즘 부모님들은 전보다 결혼을 늦게 하는 경향이 있어서 자녀가 사춘기일 때, 부모는 갱년기인 경우도 많습니다. 자녀와 부모 모두 호르몬의

격변으로 힘든 시기를 보냅니다.

각자 바쁘게 지내다 보니 부부관계가 소원한 가정도 있습니다. 자녀와 서먹한 관계로 힘들어하시는 아버지들도 많으십니다. 더는 아이들이 아빠를 좋다고 표현하며 먼저 다가오는 시기가 지났기 때문입니다. 경제적인 문제로, 지인과의 관계로, 직장이나 일에서 문제를 겪는 경우들도 있습니다.

녹록지 않은 인생입니다. 스트레스를 받고 심리적으로 힘든 상황에서 자녀를 성숙하게 대하기 어렵습니다. 불안을 화로 표현하기도 하고, 아이를 내 마음대로 조종하려고 하기도 합니다. 부모님들이 불안하고 힘든 것은 현재 부모님의 생활 속에 불안을 유발하는 요소가 많기 때문입니다.

### 나는 어떤 양육 태도를 가지고 있을까?

부모님 자신을 이해하기 위해서는 먼저 양육 태도를 확인할 필요가 있습니다. 양육 태도는 부모들의 가치관과 관점이 반영되며, 부모님이 어떠한 양육 태도를 가졌느냐가 자녀에게 직접적인 영향을 미치기 때문입니다. 미국 심리학자 바움

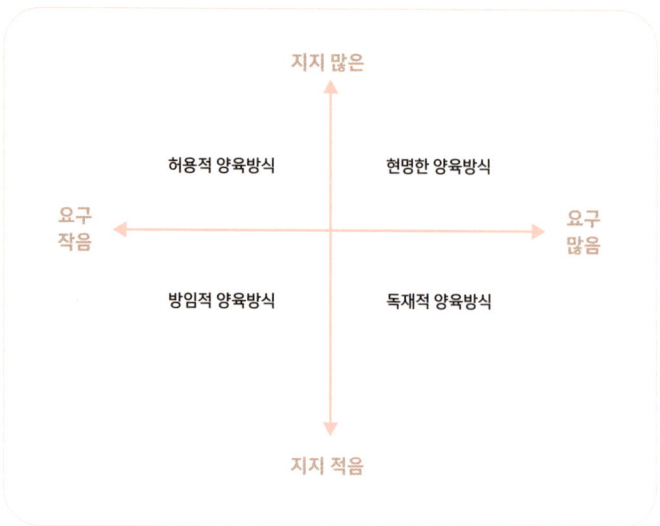

**부모의 양육태도 4가지 유형**

린드Baumrind는 부모의 양육태도를 4가지 유형으로 구분했습니다. 권위적 양육 태도, 독재적 양육 태도, 허용적 양육 태도, 방임적 양육 태도입니다. 이중 권위적 양육 태도와 독재적 양육 태도를 헷갈리는 경우가 많아 여러 심리학자가 권위적 양육 태도를 현명한 양육 태도로 변경하였습니다.

 양육 태도를 결정하는 요소는 지지와 요구입니다. '지지'는 부모가 자녀를 지원하고 격려하는 것으로, 세로축의 위

3 출처: 『그릿』, 앤절라 더크워스, 비즈니스북스, 2016년 10월 25일

로 올라갈수록 높은 지지, 아래로 내려갈수록 낮은 지지를 뜻합니다. '요구'는 부모가 자녀에게 수행할 과업을 제시하고 실행하도록 격려하는 것으로, 가로축의 오른쪽으로 갈수록 요구가 많은 것이고, 왼쪽으로 갈수록 요구가 적은 것입니다.

먼저, 오른쪽 위에 있는 현명한 양육 태도를 살펴보겠습니다. 자녀가 부모로부터 요구도 많이 받고 지지도 많이 받는 경우입니다. 이름에서 알 수 있듯이 가장 이상적인 양육 태도입니다. 그런데 좀 의아하지 않으신가요? 자녀를 많이 지지해 주는 게 좋은 것은 알겠는데, 자녀에게 많은 요구를 하는 것이 왜 좋은지 의문이 드실 수 있습니다. 그 이유는 간단합니다. 부모가 자녀에게 수행해야 할 과제를 제시하고 실행하도록 요구하는 것이 자녀의 실질적인 성장에 도움이 되기 때문입니다. 요즘 아이들은 입시경쟁을 위해 많은 시간 동안 공부를 합니다. 노력한 만큼 성적이 잘 나오지 않아 힘들어하는 자녀에게 어떻게 하는 것이 현명한 양육 태도일까요? 우선 속상한 마음을 알아주셔야 합니다. "열심히 했는데, 예상보다 점수가 안 나와서 속상하겠구나."라고 정서적 지지를 먼저 해 주시는 게 좋습니다. 그러고 나서 실질적 도움이 되는 지지도 해 주셔야 해요. "이번엔 왜 생각보다 성적이 안 나온 거 같아?"라는 질문을 하면 아이 나름대로 분석한 생각을 이야기할 거예요. 그때, "그럴 수도 있겠네. 그럼, 다음 번엔 더 좋은 성적을 받으려면 어떻게 하면 좋을까?" 같은 질문을 통해 해결책을 아이가 찾을 수 있도록 지지해 주신 후에 요구도 해야 합니다. 만약 시험을 볼 때, 시간이 모자랐다고 가정해 봅시다. 아이는 시간을 재면서 문제를 푸는 연습을 하는 게 좋겠다고 의견을 냈습니다. 이때, 부모님은 "좋은 생각이다. 몇 분 동안 몇 문제를 풀어야 하니?", "지문 길이가 보통 어느 정도야?", "하루에 얼마나 연습하면 도움이 되겠니?" 등의 다양한 질문을 하면서 아이가 해결책을 찾고 그대로 실행할 수 있도록 요구해야 합니다.

요구와 지지를 하지 않는 방임적 양육 태도를 가진 부모님의 자녀는 자유롭다고 느끼는 게 아니라 부모님이 자기에게 관심이 없다고 느낍니다. 요구와 지지가 없으므로 아이가 가진 잠재력을 발휘하지 못하게 됩니다. 비행 청소년의 부모님들이 가장 많이 가지고 있는 양육 태도가 바로 방임적 양육 태도입니다. 아이는 허한 마음을 둘 곳이 없어 자신의 존재감을 드러낼 수 있는 폭력이나 범죄에 가담합니다. 잘못인 줄 알면서도 유일한 지지와 요구를 하는 또래 집단에 속하고 싶어 합니다.

왼쪽 위의 허용적 양육 태도를 가진 부모님은 자녀를 적극적으로 지지하고 지원합니다. 그런데 부모님이 지원하고 격려하는 것에 비해 자녀는 다양한 영역에서 성장하지 못하는 경우가 많습니다. 그 이유는 부모님이 자녀에게 성장하기 위한 노력을 요구하지 않기 때문입니다. 요구의 부재는 아이가 목표를 설정할 필요성을 느끼지 못하게 하고, 해야 할 일에 집중하고 몰두할 수 있도록 이끌지 못합니다. 그리고 확률적으로 허용적 양육 태도를 가진 부모님 아래서 성장한 아이들이 버릇이 없을 가능성이 높습니다.

오른쪽 아래는 요구는 많지만, 지지는 하지 않는 독재적 양육 태도입니다. 부모의 요구사항이 있으므로 어릴 때는 아이가 학업이나 관계, 과업에서 성과를 냅니다. 그러나 자라면서 지지는 없이 요구만 받은 아이는 지치게 되고 불만이 생기게 됩니다. 독재적 양육 태도를 가진 부모님은 자녀와 관계가 좋지 않은 경우가 많습니다. 특히 자녀가 힘이 생기는 성인이 되면, 아이는 의도적으로 부모님을 피하고 멀리합니다.

여러분은 어떤 양육 태도를 가지고 계신가요? 현명한 양육 태도를 가지고 자녀의 잠재력을 충분히 발휘할 수 있도록 적극적으로 '지지'하고 지혜롭게 '요구'하기를 바랍니다.

## 자녀들은 왜 이럴까?

　사람은 타고난 성격과 기질, 부모에게 받은 양육방식 등을 토대로 사고방식, 삶의 태도, 타인과의 관계를 형성합니다. 아이들은 인사하는 법, 식사하는 법, 씻는 법, 옷을 입는 법과 같은 생활 습관부터 생각하는 법, 문제에 대응하는 법, 삶의 가치를 정하는 법 등 사고방식까지 부모님으로부터 배우며 성장합니다. 각 발달단계에서 중요하게 눈여겨봐야 하는 발달이 있습니다. 영유아기 때는 신체와 언어 발달이 제대로 이루어지는지 유심히 관찰해야 합니다. 아동기 때는 사회성과 인지 발달에 주안점을 두어야 합니다. 그리고 청소년기 때는 정서와 심리, 자아정체성 발달이 잘 이루어지는지 살펴야 합니다. 전반적으로 자라기는 하지만 뇌 발달에 맞추어 시기마다 반드시 이루어야 하는 발달 과업들입니다. 그리고 그 발달 과업을 이루어 가는 중에 나타나는 특징들이 있습니다. 여러분들이 사춘기 자녀를 보며 어려워하고 힘들어하는 점들은 발달 과업을 이루는 청소년기의 특징이라고 볼 수 있습니다.

## 아이가 타고난 기질

모든 사람이 그러하듯이, 아이가 태어나면 그 아이만의 고유한 기질이 보입니다. 어른들께서 흔하게 말씀하시는 순한 아이, 까다로운 아이가 이 기질을 뜻합니다. 영유아기 때 선명하게 드러나던 기질은 아동기가 되면 희미해집니다. 아동기는 사회화를 배우는 시기이기 때문입니다. 불편한 상황에서도 타인을 의식해서 불편한 것을 드러내지 않도록 훈련받습니다. 그러다가 청소년기가 되면 다시 자신만의 기질이 행동과 말에서 뚜렷하게 나타납니다. 앞서 설명한 것처럼 청소년기에 뇌의 2차 발달이 이루어집니다. 뇌 발달을 이루려면 많은 에너지가 필요합니다. 그간 배워서 사용하던 사회화 기능을 유지할 힘을 뇌 발달과 신체 발달을 하는 데 사용합니다. 그래서 애써 해야 하는 사회화 기능이 약화되고, 힘을 들이지 않아도 자연스럽게 나타나는 아이의 고유한 기질이 다시 보이게 됩니다.

즉각적이고 강렬한 감정을 처리하는 뇌인 편도체는 사춘기에 이미 완전하게 발달합니다. 그에 비해 사고와 문제 해결, 계획을 수립하는 전전두엽은 발달 속도가 더딥니다. 그렇다 보니 편도체를 제어할 수 있는 전전두엽의 기능이 미비하게 됩니다. 그래서 사춘기 아이들은 감정과 본능에 더욱 충실하게 대처합니다. 이때, 원래 가지고 태어난 기질은 더욱 두드러지게 존재감을 드러냅니다.

클로닝거[C. R. Cloninger] 교수는 심리생물학적 인성 모델을 기초로 TCI[Temperament and Character Inventory] 검사를 만들었습니다. 이 검사는 개인의 기질과 성격을 측정하는 도구입니다. 기질을 측정하는 4개의 항목과 성격을 측정하는 3개의 항목으로 구성된 검사입니다. 검사를 원하면 병원이나 상담소 같은 전문기관을 이용할 수 있습니다. 검사한 기관에서 상세한 설명도 함께 진행되어 자녀의 기질과 성격을 이해하는 데 도움을 받을 수 있습니다. 이 장에서는 4개의 기질 항목을 살펴보면서 우리 아이는 어떤 기질에 가깝고 어떤 특징이 있는지 이해해 보도록 하죠.

어떤 사람도 한 가지 기질만 가지고 있지는 않습니다. 모든 기질 항목을 가지고 있지요. 다만, 더 두드러지게 표현되는 기질을 주 기질이라고 보면 됩니다. 같은 기질이더라도 점수에 따라 조금씩 다른 성향을 보일 수 있습니다. 100점을 기준으로 했을 때, 한 기질의 점수가 90점 나온 사람과 60점 나온 사람은 50점 이상이므로 둘 다 같은 기질로 표시됩니다. 그러나 실제 일상에서 보이는 기질은 30점이나 나는 점수 차이처럼 크게 달라 보일 수 있습니다. 이런 세세한 차이

| 자극 추구(NS) | 새로운 것을 보면 적극적으로 탐구 | 행동 활성화 체계 | 화(anger) |
| --- | --- | --- | --- |
| 위험 회피(HA) | 위험이 예상되는 상황을 회피 | 행동 억제 체계 | 두려움(fear) |
| 사회적 민감성(RD) | 친밀감, 애착 등 사회적 보상 중요, 타인의 감정에 민감 | 행동 유지 체계 | 혐오/사랑 |
| 인내력(P) | 외부적 강화, 보상이 없이도 성취라는 보상을 위해 일정 시간 행동 지속 | | |

TCI 검사 결과 해석[4]

---

[4] 출처: 타고난 나, 변화하는 나 by 어떤책방, 2020년 10월 23일, https://brunch.co.kr/@anybookroom/33

까지 다루려면 검사와 해석을 전문가로부터 받아야 합니다. 그래서 지금은 보편적으로 나타나는 4가지 기질의 특성만 다루도록 하겠습니다.

첫 번째 기질 항목은 새로운 것을 보면 적극적으로 탐구하는 기질인 '자극 추구' 항목입니다. 이 항목이 높은 경우에는 아이가 매사에 열정이 많으며 경쟁과 성취를 좋아하는 성향을 보입니다. 경쟁심이 높다 보니 이기지 못하는 상황이나 자기 뜻대로 안 될 때는 분노를 쉽게 표출하기도 합니다. 자극 추구 기질을 보이는 아이는 남과 하는 경쟁이 아닌 나 자신의 임계점을 뛰어넘도록 격려해 주시는 것이 좋습니다. 아이가 가진 왕성한 호기심을 자기가 좋아하는 일을 찾는 원동력으로 사용하고, 열정 에너지를 자신이 성장하는 데 사용하도록 집중하는 것이 바람직합니다.

두 번째 항목은 '위험 회피'입니다. 위험이 예상되는 상황을 회피하는 기질입니다. 위험 회피 항목 점수가 높은 아이는 꼼꼼하고 예민한 기질을 가지는 특징이 있습니다. 이 기질을 가진 아이는 공포와 두려움을 많이 느끼고 자기 행동도 억제하는 경향이 있습니다. 아이가 마음을 안정하고 편하게 지낼 수 있도록 해 주는 게 좋습니다. 까다로운 아이라는 별명이 붙은 이 유형의 아이들은 작은 자극에도 크게 반응할 수 있습니다. 그러나 예민함을 민감성으로 역이용하여 창의적인 방법으로 성공하는 사례도 많습니다. 대표적인 예가 애플사 대표였던 스티브 잡스Steve Jobs입니다. 환 공포증이 심했던 스티브 잡스는 예민한 기질을 가졌습니다. 자기의 공포증이 버튼 없는 아이폰을 만드는 계기가 되었습니다.

세 번째는 친밀감과 애착 등 사회적 보상을 중요하게 생각하는 '사회적 민감성' 항목입니다. 이 기질을 가진 아이는 타인의 감정에 민감하게 반응하며 사람을 좋아하는 외향적인 성향을 보입니다. 공감 능력이 뛰어나고 사회성이 높아서 친구들도 많고, 교우 관계도 원만하게 하는 편입니다. 다만, 항목의 이름처럼 사회적 민감성이 너무 높을 때 다른 사람에게 너무 의지하거나 타인의 감정에 휘둘릴 수도 있습니다. 성숙한 방법으로 대인관계를 유지하고 상대와 자신을 존중하도록 지원하는 것이 필요합니다. 이 부분만 조절하면 밝고 건강한 아이로 잘 자라게 됩니다.

마지막 항목은 '인내력'입니다. 외부적 강화나 보상이 없이도 일정 시간 동안 성취라는 장기 보상을 위해 행동을 지속하는 유형입니다. 이 기질을 가진 아이는 현재보다 미래를 준비하는 사람이 됩니다. 만족 지연을 할 줄 아는 아이입니다. 15분 동안 마시멜로를 먹지 않고 참으면 한 개를 더 받을 수 있는 실험이 있습니다. 학령 전 유아들이 이 실험의 참가자였습니다. 실제 15분 동안 잘 참아서 한 개의 마시멜로를 더 받았던 아이들을 추적한 결과, 청소년기에 SAT(미국 대입 시험) 점수와 학업 성취도가 높은 것으로 나타났습니다. 후속 연구에서 거의 50세가 된 실험 참가자 중에 어릴 때 15분 인내하는 데 성공한 참가자들이 15분을 참지 못했던 참가자들에 비해 건강 상태가 더 양호한 것으로 나타났습니다. 그러나 인내력이 강한 이 기질의 아이는 학교 폭력이나 범죄와 같은 위험한 상황에서도 '좀 참으면 지나가겠지.'라는 생각으로 참기만 할 수도 있습니다. 기질적으로 강도 높은 상황을 잘 버티는 아이에게 위험하고 불합리한 상황에서는 반드시 어른에게 도움을 요청하도록 미리 알려 주는 게 좋습니다.

### 어릴 때 형성된 애착

애착은 주 양육자를 통해 아이가 세상이 믿을 만하고 안전하다고 느끼는 것을 의미합니다. 애착이 안정적으로 형성되는 것은 매우 중요합니다. 세상을 믿을 수 있을 때, 비로소 주위를 탐색하고 배울 수 있기 때문입니다. 애착은 사람을 성장하게 하는 중요한 기초입니다. 발달심리학자 메리 에인스워스Mary Ainsworth는 주 양육자인 엄마가 잠시 방을 나갔다 돌아왔을 때 18개월 된 아이의 반응을 관찰하였습니다. 관찰한 아이의 반응에 따라 3가지 애착 유형을 제시했습니다.

첫 번째는 안정 애착입니다. 엄마가 방을 떠났을 때 잠시 당황하지만 금세 안정을 찾고, 돌아온 엄마를 기쁘게 맞이하는 유형입니다. 이 유형의 아이들은 주위에 있는 사물이나 사람을 편하게 대하며 다가갑니다. 엄마를 통해 안정감을 느끼는 것은 물론 엄마와 떨어지는 상황에서도 두려워하거나 불안해하지 않습니다. 대체로 자기가 좋아하는 것을 잘 찾고 즐겁게 살아갑니다.

두 번째는 저항 애착입니다. 엄마가 떠나면 몹시 고통스러워하고 불안해합니다. 엄마가 다시 방에 돌아와도 쉽게 진정이 안 되어 엄마에게 딱 달라붙거나 소리를 지르는 유형입니다. 흔히 껌딱지라고 표현되는 아이들이 이 유형에 속합니다. 저항 애착을 가진 아이는 늘 화가 납니다. 엄마가 떠날 때 느낀 불안과 배신감이 아이를 자극합니다. 화가 난 상태에서는 정상적인 대화도, 공부도, 심지어 먹고 자는 것도 할 수 없습니다.

세 번째는 회피 애착입니다. 엄마가 떠날 때도 돌아왔을 때도 반응을 보이지 않습니다. 어떠한 도움도 엄마에게 요청하지 않는데, 그간 아기가 엄마에게 적절한 지지와 애정을 받아 본 적이 없으므로 이런 반응을 합니다. 회피 애착을 가진 아이도 엄마를 믿지 못하고 그로 인한 분노가 많습니다. 그러나 분노가 외부로 표출되는 저항 애착과 달리 회피 애착을 가진 아이는 내면으로 분노를 누르면서 공허하고 우울한 감정을 갖게 됩니다. 이 경우에도 적극적으로 학업에 임하거나 또래 관계를 원활하게 형성하기가 어렵습니다.

혹시 우리 아이가 어렸을 때 안정 애착을 형성하지 못한 것 같다고 너무 걱정하지는 마십시오. 사춘기 때, 혹은 성인이 되어서도 주위 가까운 사람과 신뢰를 쌓으면 불안정 애착을 안정 애착으로 회복할 수 있습니다. 대신 처음보다 시간도 더 걸리고 공도 들여야 합니다.

좋은 사례를 소개해 드립니다. 승민이 엄마는 아이가 어릴 때 남편과 이혼했습니다. 생계를 꾸리기 위해 일을 하는 승민이 엄마를 대신해서 외할머니가 승민이를 돌봐주셨습니다. 문제는 승민이가 아빠를 참 많이 닮았다는 겁니다. 외할머니는 딸을 힘들게 만든 승민이 아빠가 미웠습니다. 그러면 안 되는 줄 알지만, 승민이를 볼 때마다, 승민이 아빠 생각이 나서 승민이에게 욕도 하고 아이를 때리기도 하셨습니다. 승민이 엄마는 온종일 일을 하고 늦게 돌아오니 그런 일이 있는지도 몰랐고요. 그렇게 세월이 흘렀습니다. 다행히 할머니의 손이 점점 덜 필요한 시기가 왔지요. 한번은 승민이 엄마가 출장을 가야 할 일이 있어서 외할머니에게 승민이를 부탁하려고 했습니다. 그러자 승민이가 갑자기 소리를 지르며 벽에 머리를 찧기 시작했습니다. 승민이 엄마는 너무 놀라서 어찌할 바를 몰랐어요. 덩치가 엄마보다 큰 아이를 끌어안고 같이 울었답니다. 한참이 지나 진정이 되고 왜 그랬냐는 엄마의 물음에 승민이가 그간 있었던 일들을 이야기했습니다. 모자가 한참을 울었습니다. 엄마는 승민이에게 그동안 일을 몰라서 미안하다고 사과했고, 친정 엄마와 승민이가 만나지 않도록 조치했습니다. 그리고 직장을 바꿔서 아이와 보낼 시간을 늘렸습니다. 사춘기가 찾아온 승민이가 감정을 폭발시킨 덕분에 문제가 드러난 좋은 예입니다. 아프고 속상한 이야기이기도 합니다. 그러나 그 후 주눅 들어 있던 승민이가 웃음을 찾기 시작했습니다. 엄마의 사랑을 받으며 성적도 좋아지고 교우 관계도 좋아졌습니다. 어릴 때 잘못 형성된 애착도 인생의 어느 시점이든 신뢰할 사람만 만나면 고칠 수 있습니다. 감사하게도 아이들은 부모님들이 생각하는 것보다 유연하고 여유가 있습니다.

## 사춘기 아이의 최대 과업, '자아정체성 확립'

에릭 에릭슨Erik Erikson은 그의 발달단계 이론 중 5단계에 속하는 청소년기를 '정체감 VS 역할 혼미'라고 정의했습니다. 청소년기에 자아정체성을 형성하면 독립적인 주체로 성장하지만 그렇지 못하면 내가 누구이고 왜 사는지에 혼란스러운 상태에서 성인이 됩니다. 그러므로 사춘기 자녀에게 무엇보다 중요한 발달 과업은 자아정체성을 확립하는 일입니다.

심리학자 제임스 마시아James Marcia는 청소년기 자아정체성 지위 형태를 4가지로 분류하였습니다.

세로축의 기준이 되는 것은 '탐색'입니다. 위로 갈수록 탐색을 많이 한 경우이고, 아래로 갈수록 탐색을 적게 한 경우입니다. 가로축은 몰입의 정도입니다. 오른쪽으로 갈수록 몰입을 많이 경험한 경우이고, 왼쪽으로 가까울수록 몰입의 경험을 적게 한 경우입니다. 오른쪽 위는 '정체성 확립' 상태

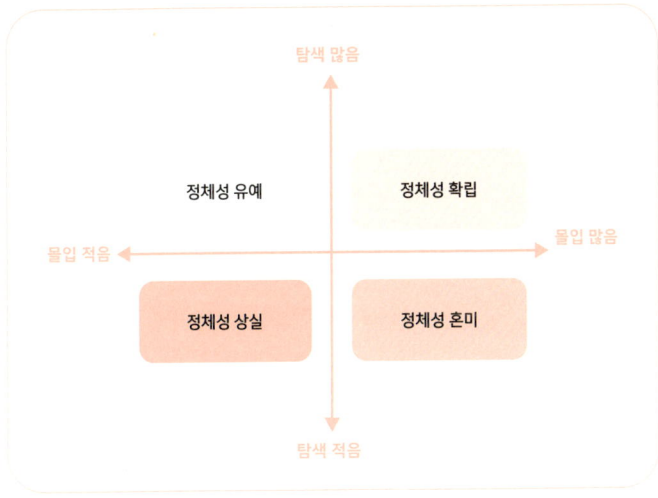

정체성 상태 모델[5]

입니다. 자기가 누구이고 무엇을 좋아하는지 탐색도 많이 해 봤고, 좋아하는 일에 몰입하는 경험도 많이 해 보면 정체성을 확립할 수 있습니다. 부모나 권위자가 지정해 준 것이 아닌, 아이 자신이 스스로 자아정체성을 확립한 경우입니다.

반면, 왼쪽 아래는 탐색도, 몰입의 경험도 적은 '정체성 상실' 상태입니다. 이 상태에 속한 아이들은 자신이 아닌 부모나 권위자에 의해 정체성을 강요받은 경우입니다. 억지로

---

5 출처: MDPI, J. Intell. 2022, 10(3), 64, https://www.mdpi.com/2079-3200/10/3/64; https://doi.org/10.3390/jintelligence10030064

'너는 이런 사람이야.'라는 정체성을 받았기 때문에 자기가 무엇을 좋아하고, 누구인지 몰라 위기를 느끼게 됩니다. 정체성을 찾는 일을 해결한 게 아니므로 아이는 정체성을 상실합니다. 자기의 몸과 생각이 자신의 것이지만, 스스로가 무엇을 원하는지도 모르고 선택할 권한도 없는 경우입니다.

왼쪽 위는 '정체성 유예' 상태입니다. 자신이 무엇을 좋아하는지 탐색은 많이 했습니다. 그러나 탐색했던 일 중에 몰입해 본 경험이 적으면 정체성 확립이 유예됩니다. 이것도 한두 달 배우고 그만두고, 저것도 3개월 배우고 그만두는 식으로 얕은 탐색만 반복할 때 나타나는 상태입니다. 탐색해 본 많은 것들이 진짜 자신이 좋아하는 것일 가능성이 있지만, 제대로 몰두하여 열심히 해 본 적이 없으므로 진짜 본인과 잘 맞는 것이 무엇인지 알 수가 없습니다. 그러다 보니 탐색한 후보 중 하나를 선택하는 것 자체가 겁이 나고 무섭다고 느낍니다. 아직 의문을 제기하며 정체성을 찾아가는 시기로 보면 됩니다.

오른쪽 아래는 반대로 무엇인가 깊이 몰입한 경험은 있으나 탐색을 적게 한 경우입니다. '정체성 혼미'라고 부릅니다. 정확하게는 일관된 정체성이 부족한 상태입니다. 탐색량이 적다 보니 자신의 취향과 선호를 정확하게 알 수가 없습니다. 한 가지만 몰입했기 때문에 이게 정말 맞을까에 대한 의문을 가지게 됩니다. 정체성 혼미 상태에 있는 아이는 자기 정체성의 문제에 대해 생각하거나 해결하려 하지 않고 대충 운에 맡기며 어떻게든 될거라는 태도를 보이기 쉽습니다. 그래서 앞으로 무엇을 하며 어떻게 살아갈지 계획할 수가 없습니다.

제가 걱정하는 것은 우리나라 현재 교육 시스템입니다. 청소년들이 자아정체성을 확립할 수 있도록 돕는 시스템이 아닙니다. 여러분은 자녀의 정체성을 압류시키지는 않았는지 돌아보십시오. 아이가 부모님이 시키는 대로 말을 잘 듣는 경우, 우선 부모님의 말씀대로 정체성을 받아들이지만, 나중에 걷잡을 수 없는 큰 문제가 될 수 있습니다.

남편과 함께 미국 보스턴에서 유학하던 때였습니다. 어느 날, 안타까운 소식을 듣고 한동안 가슴이 먹먹했던 기억이 있습니다. 아이비리그에 다니는 한인 여학생 소식이었습니다. 부모님의 기대를 받으며 열심히 공부해서 미국에서도 내로라하는 유명한 의대에 합격하여 유학을 왔습니다. 그런데 안타깝게도 의대가 적성에 맞지 않았나 봅니다. 그사이에 한국에 있는 부모님과 어떤 대화가 오갔는지 자세히 알지 못합니다. 1년하고 한 학기를 버틴 그 여학생은 유난히 추웠던 12월 어느 날 보스턴을 관통하는 찰스강에 몸을 던졌습니다. 그 여학생이 도대체 어떤 마음으로 그 다리 위까지 걸어갔을까 생각하면 강물이 얼 정도로 차디찬 겨울의 찰스 강물이 저를 덮치는 것 같은 고통을 느낍니다. 자아정체성은 마음의 생명입니다. 아이의 자아정체성을 찾는 여정에 함께 하는 부모님들이 되시기를 바랍니다.

아이가 자아정체성을 확립하는 데 필요한 요소는 탐색과 몰입의 경험입니다. 탐색 과정은 아이가 무엇을 좋아하고 잘할 수 있는지 알아보는 시간입니다. 그래서 아이의 흥미에 따라 관심이 있는 것들을 많이 접해 볼 수 있도록 하는 것이 좋습니다. 두 번째 요소인 몰입하는 경험의 기회도 주어야 합니다. 탐색하면서 자기가 진짜 좋아하는 일을 찾으면 그 일을 꾸준히 오랜 시간 동안 할 수 있도록 격려해 주세요. 처음에는 관심이 있어서 시작했지만, 모든 일이 그렇듯이 중간에 그만두고 싶은 고비들이 찾아옵니다. 그때, 아이가 포기하지 않고 계속할 수 있도록 도와야 합니다. 『그릿』의 저자 안젤라 더크워스 Angela Duckworth는 이런 열정 있고 끈기 있는 태도가 인생의 성공 비결이라고 말합니다. 아이들이 자아정체성을 찾아가는 과정에 열정과 끈기 있는 태도를 기를 수 있도록 지원하면 좋겠습니다.

사춘기 아이들이 하는 말과 행동 이면에는 아이의 타고난 기질과 어릴 적 부모님의 반응을 통해 형성된 애착이 자리 잡고 있습니다. 거기에다 아직 뇌의 기능이 완숙해지지 않았고, 나는 누구이고 앞으로 어떻게 살아야 하는지에 대한 본질적인 고민으로 혼란한 상태입니다. 무엇인가 심각하게 고민할 때, 옆에서 누가 말을 걸면 집중해서 응대하기가 어렵습니다. 우리 아이들이 딱 이런 상태입니다. 머릿속이 너무 복잡해서 부모님이 물어보는 대화에 집중하기가 어렵고, 자꾸 물어보면 짜증을 내며 반응합니다. 아이가 짜증을 내고, 대답을 건성으로 하면 버릇없다고 화를 내며 반응하지 말고, '머릿속에서 자아정체성을 찾느라 힘들구나.'라고 생각하면서 실질적으로 자녀가 자아정체성을 잘 찾을 수 있도록 도와주는 게 좋습니다. 자녀의 자아정체성 확립을 돕는 구체적인 방법은 4장에서 알아보겠습니다.

## 자녀 양육을 제대로 하려면

저는 세 자녀를 두고 있습니다. 큰아이와 막내가 띠동갑이어서 총양육 기간을 32년으로 예상합니다. 감사한 것은 긴 양육의 시간 동안 아이만 크는 것이 아니라는 점입니다. 아이를 키우면서 부모들도 비약적인 성장을 경험합니다. 잠을 설치고 끼니를 건너뛰며 정신력으로 버티는 특수훈련을 통과합니다. 아이의 발달단계에 맞춰 요리사, 청소부, 의상 디자이너, 선생님, 운동 코치, 운전기사, 의사, 약사, 간호사, 뮤지컬 배우, 동기부여가 등 헤아릴 수 없이 수많은 직업을 동시에 갖게 됩니다. 무엇보다 아이를 키우며 자신의 새로운 모습을 발견합니다. 어떤 상황에서 분노가 일어나는지, 어떨 때 행복한지 나에 대해 자세히 알아 가게 됩니다. 그래서 저는 자녀 양육의 진짜 목적지는 '자녀와 부모가 함께 성장하여 독립하는 것'이라고 정의하고 싶습니다.

## 자녀의 독립을 위하여

아이가 법적 성인 나이인 20살이 되었다고 바로 독립하는 것은 불가능합니다. 아직 경제적, 정서적으로 부모의 지원이 필요한 청년기를 지나야 하기 때문입니다. 그래도 저는 법적 성인인 20세까지를 양육 기간으로 생각합니다. 그 이유는 20세 이후로는 아이가 인생의 주체로 살아가도록 부모가 뒤로 물러나야 하기 때문입니다. 성인인 자녀가 도움을 요청하지 않은 상황에서 부모가 계속 관여하고 간섭하면 자녀는 영원히 독립할 수 없거나, 부모로부터 도망치거나 둘 중의 하나를 택하게 될 것입니다. 이런 불상사를 막기 위해 자녀를 독립시킬 준비를 지혜롭게 해야겠습니다.

독립의 사전적 의미는 '다른 것에 예속되거나 의존하지

아니하는 상태로 됨'입니다. 아이가 독립한다는 것은 부모에게 예속하거나 의존하지 않은 상태를 뜻합니다. 온전한 주권을 행사한다는 의미입니다. 부모와 다른 집에서, 자기 삶에 필요한 생활비를 스스로 벌어 충당하며, 부모의 조언과 상관없이 본인이 선택한 결정에 책임을 지는 것이 독립입니다. 독립과 비슷한 의미로 혼용하여 사용되는 단어로 자립이 있습니다. 그러면 자립은 어떤 의미일까요? 자립의 사전적 의미는 '남에게 예속되거나 의지하지 아니하고 스스로 섬'입니다. 자립은 아이가 스스로 서는 것을 말합니다. 독립과 자립의 차이점은 도움의 여부에 있습니다. 물리적 공간, 경제적, 정서적, 심리적인 부분까지 부모님의 도움을 일절 받지 않고 사는 것이 독립입니다. 이중 한 가지라도 부모님의 도움을 받고 있다면 독립이 아니라 자립한 것입니다. 부모님과 같은 집에서, 부모님에게 생활비 대부분을 보조받고, 용돈은 자신이 벌고 있다면, 자녀가 어느 정도 자립했다고 볼 수 있습니다. 부모님과 다른 집에 살고, 생활비도 자신이 모두 해결할 수 있으나 무엇인가를 결정할 때는 부모님의 조언을 반드시 따른다면 이것도 독립이 아니라 자립입니다. 이렇듯 자립의 형태는 매우 다양합니다. 아직 정서적, 심리적으로 독립을 이루지 못하였으니까요. 자녀의 청년기 때는 자립의 다양한 형태를 거쳐 결국에는 독립하는 것을 목표로 해야 합니다. 그리고 자립하는 연습은 최대한 어릴 때부터 시작하면 더 도움이 됩니다.

자립을 경험해 볼 기회는 각 가정의 사정과 부모님들의 성향에 따라 다를 수 있습니다. 중학교나 고등학교를 기숙사 학교에 재학하는 경우는 물리적 공간의 자립을 연습할 수 있습니다. 방학 때나 하교 후에 아르바이트해서 용돈을 번다면 경제적 자립을 연습할 수 있겠지요. 좁은 의미에서는 옷을 구매하는 것부터 넓은 의미에서 진학할 학교와 전공을 선택할 기회를 준다면 정서적, 심리적 자립을 연습했다고 볼 수 있습니다. 무엇이 되었든 상관없습니다. 자립을 연습할 기회를 많이 주는 것이 중요합니다. 자립을 연습한다는 것은 한마디로 선택할 기회를 얻는 것입니다. 영유아기 때부터 선택하는 연습을 했다면 더 효과적입니다. 그렇지만 그때 못했더라도 지금이라도 늦지 않습니다.

사소한 것도 자녀가 선택할 수 있도록 해 주세요. 그런데 그러려면 부모가 먼저 기준을 잘 설정해야 합니다. 너무 많은 선택사항은 아이를 불안하고 힘들게 한다는 점 명심하세요. 기준과 경계는 부모님이 먼저 세워 주시고, 그 안에서 자녀가 자유롭게 선택할 수 있도록 기회를 주는 것이 좋습니다.

예를 들어 이번 휴가를 어디로 갈지 자녀에게 선택권을 준다고 무턱대고 물어보면 아이는 지구 반대편에 있는 휴양지 이름을 말할 수도 있습니다. 그러면 구차하게 경비와 시간 타령을 하며 다시 생각해 보라고 설득하겠지요. 결말은 "안 된다고 할 거면서 왜 물어봤어?"라며 날카롭게 외치는 아이와 '이러려던 게 아닌데.'라고 생각하는 부모님의 후회로 끝날 겁니다. 이 경우에는 먼저 부모님이 이번 휴가 때 사용할 예산과 기간, 갈 수 있는 거리 등을 미리 정리해서 자녀에게 알려 줘야 합니다. 이 기준에 따라 자녀가 휴가지를 선택했다면 반드시 자녀와의 약속을 지켜야 합니다.

자립을 연습하는 방법은 선택할 기회뿐만 아니라 실패할 기회도 주는 것입니다. 제가 어릴 적에 부모님이 맞벌이를 하셨습니다. 아빠는 자정이 다 되어서 귀가하셨고, 엄마는 늦은 저녁에 집에 오셨습니다. 초등학교에 다닐 때였는데, 맏이인 제가 저녁을 차리는 일이 많았습니다. 엄마가 만들어 놓으신 반찬을 냉장고에서 꺼내고, 국을 데우고, 밥솥에서 밥을 푸기만 하면 되는 일이었어요. 그런데 하루는 밥의 양이 저와 동생, 엄마가 먹기에 부족한 날이 있었어요. 엄마가 퇴근하시고 서둘러 밥을 하시려고 할 때, 저보다 두 살 어린 동생이 좋은 의견을 냈습니다. 그때 동생이 겨우 초등학교 1~2학년 정도 되었을 때였어요. 국수 면으로 자기가 칼국수를 끓여 보고 싶다고 했습니다. 제 엄마는 용기 있게 8~9살 된 동생에게 주방을 내어 주셨습니다. 동생은 국수 면 봉투 뒤의 조리법을 읽어 가며 물을 올리고 국수의 면도 넣고, 엄마에게 어떤 양념인지 물어 가며 요리를 곧잘 했습니다. 칼국수가 거의 완성이 될 즈음, 동생은 자기가 혼자 상을 차리겠다며 모두 방에 가서 기다리라고 했어요. 엄마와 저는 방으로 가서 기다렸습니다. 잠시 후 야무지게 행주로 뜨거운 냄비 손잡이를 말아 쥐고 동생이 방으로 왔습니다. 몇 번 더 왔다 갔다가 하며 숟가락, 젓가락, 그릇과 김치까지 가지고 왔습니다. 각자 그릇에 국수를 덜고 먹으려는 순간, 어머니가 무엇인가를 발견하셨어요. "우리 집에 통후추가 있었나? 어디서 찾아서 넣었어?" 자세히 보니 검고 둥근 알갱이들이 몇 개 보였어요. "잠시만요. 이거 넣었어요." 하며 동생이 주방으로 가서 뜯긴 봉투 하나를 가지고 와서 보여 줬습니다. 이런, 세상에! 방부제였습니다. 면과 함께 들어 있던 방부제도 재료인 줄 알고 동생이 뜯어서 넣은 거였어요.

엄마는 동생에게 이건 먹으면 위험해서 다음에는 절대 쓰면 안 된다고 알려 주셨습니다. 결국, 동생이 열심히 만든 생애 첫 요리는 개수대에 음식 쓰레기로 버려졌습니다. 생명의 위협을 받은 사건이었지만, 가족들이 모일 때면 두고두고 추억하며 웃는 이야깃거리가 되었습니다.

저는 동생이 처음 국수를 끓였던 날 저녁에 방부제를 넣어 실패한 국수를 버리고 무엇을 먹었는지는 기억이 안 납니다. 당시에는 배도 고프고, 동생이 열심히 만들었는데 음식을 버리게 되어 당황스러웠던 기억만 어렴풋이 납니다. 그날 제 엄마가 뭐라고 하셨는지, 무엇을 먹었는지가 중요하지 않습니다. 제가 주목하고 싶은 것은 그 주말에 동생이 칼국수를 다시 만들었다는 점입니다. 엄마가 의도를 가지고 그렇게 하신 것인지 아닌지는 모릅니다. 이번에도 동생이 모든 것을 다 했습니다. 방부제를 넣으면 안 된다는 것도 확인했고요. 동생은 처음 만든 것보다 훨씬 빛깔 좋은 칼국수를 만들었습니다. 처음 만든 칼국수의 맛을 알 길은 없지만, 두 번째 칼국수는 꽤 맛이 좋았습니다. 저는 이 경험이 동생이 요리를 좋아하고 계속하게 한 결정적인 사건이라고 믿습니다. 실패하고 회복해 본 경험, 다시 일어나 본 느낌이 독립의 기초가 됩니다. 그 이후로도 동생은 수많은 시도를 하고 실패했습니다. 버려진 음식도 많았습니다. 그러나 엄마는 동생이 실패할 때마다 나무라지 않고 '그럴 수도 있지.' '원래 처음부터 잘하는 사람은 없어.'라며 긍정적으로 반응해 주셨습니다. 다음에 시도할 때 잘할 수 있도록 방법도 알려 주셨어요. 엄마의 따뜻한 격려 덕분에 동생은 다시 시도할 힘을 얻었고, 실패를 두려워하지 않는 아이로 성장했습니다.

여러분은 자녀에게 선택할 기회와 실패할 기회를 주셨나요? 선택할 기회와 실패할 기회를 주셨다면, 실패를 딛고 일어설 기회까지 주어져야 자립 연습이 완벽해집니다.

### 부모의 독립을 위하여

이미 경험해 보신 분들은 아시겠지만, 아이들은 생각보다 자립할 준비가 되어 있습니다. 스스로 자립하고 싶어 합니다. 부모님의 지원을 안전장치로 여기며, 자신이 하고 싶은 일들을 시도해 볼 수 있는 자립을 반가워합니다. 아이 자신이 오롯이 책임을 져야 하는 독립은 부담스러워하고 겁을 내지만요. 그럼, 부모님들은 어떨까요? 아직 10대인 자녀를 자립시킨다고 생각할 때, 여러분의 마음은 어떤가요? 어서 그날이 오면 좋겠다고 환호성이 나오시나요? 아니면 우리 아이가 잘할 수 있을까 걱정되나요? 저에게 상담을 요청하신 부모님들과 이야기하면서 깨달았습니다. 막상 부모님들은 자녀를 자립시킬 준비가 안 되어 있다는 것을요. 그런 분들은 자녀가 자립한다고 요청하는 것 자체가 힘듭니다. 어떤 분은 자녀가 미덥지 않아서 걱정이 태산인 분이 있습니다. 또 어떤 분은 자녀가 나를 거부하는 거라며 배신감을 느끼기도 합니다. 원래 착했는데 왜 반항을 심하게 하는지 이해가 안 된다며 우는 분도 계십니다. 부모님들이 이렇게 힘든 것은 자녀로부터 자립할 준비가 안 되었기 때문입니다. 웃기는 말 같지요? 부모가 자녀를 돌보고 많은 것들을 해 주는데, 우리가 아이들로부터 자립해야 한다니요? 웃기지만 맞는 말입니다. 생각해 보세요. 부모님들이 아이들에게 얼마나 많은 정서적 의지를 하셨는지요. 아이가 우리에게 얼마나 큰 기쁨을 주었는지요. 그래서 인생의 중심에 아이를 가져다 두고, 지구도 우리 아이를 중심으로 돌고 있다고 믿었지요. 자녀가 건강하게 독립하길 원한다면 부모가 자녀를 떠나 보낼 마음의 준비를 하는 것이 먼저입니다.

만약 자녀가 독립할 거라는 사실을 인지하고 독립시키겠다고 마음을 먹었으면 부모 독립 준비의 첫 단추를 잘 끼운 겁니다. 지금 방에 누워서 잠을 자고 있거나 열심히 게임을 하거나 친구랑 문자를 주고받고 있는 사춘기 자녀를 보면 자녀의 독립이 상상이 안 될 겁니다. 그러나 빠르면 1~2년 안에, 길어도 10년 안에 여러분의 자녀는 여러분으로부터 자립하고 독립할 것입니다. 다시 말해, 여러분은 곧 여러분의 자녀로부터 자립하고 독립할 겁니다.

대중매체를 통해 빈둥지 증후군이라는 질환이 소개되면서 부모의 독립 준비가 중요하다는 것이 재조명되고 있습니다. 빈둥지 증후군이란 마치 어미 새가 빈 둥지에 자신만 남는 것처럼, 자녀가 떠난 집에 부모가 홀로 남을 때 자신이 빈 둥지처럼 빈껍데기 신세가 되었다는 심리적 불안에서 기인한 정신적 질환입니다. 이름은 최근에 붙여졌지만, 예전부터 자녀가 독립하여 집을 떠난 후 외로움이나 상실감을 느끼는 부모들은 많았습니다. 빈둥지 증후군은 주 양육자였던 여성에게 더 많이 나타납니다. 빈둥지 증후군을 방지하려면 마지막으로 집에 남았던 아이가 집을 떠날 시기에 맞춰 미리 대비해야 합니다. 저의 경우 세 살인 막내를 기준으로 삼는다면 대략 17년 후가 되겠네요. 전문가들은 부모에게 바쁘게 지내거나 새로운 도전 과제를 시작해 보라고 조언합니다. 직장 생활을 하고 있다면 새로운 프로젝트를 시작하는 것이 도움이 될 것입니다. 전업주부나 은퇴한 후라면 그동안 하고 싶었는데 못했던 취미생활을 시작하거나 새로운 일을 하는 것도 좋겠습니다. 제 경험상으로 다 큰 자녀에게 높은 관심을 두고 심한 참견을 하는 부모님들의 특징은 시간이 많다는 점이었습니다. 그러나 자신이 바쁘면 자녀가 궁금해도 간략히 안부 정도만 묻게 됩니다. 할 일이 많으니, 시간을 할애하는 데 한계가 있기 때문입니다.

지금까지 자녀를 양육하느라 수고하신 부모님들, 자녀가 독립한 후에라도 여러분 자신을 위해 시간을 쓰세요. 그러려면 미리 준비가 필요합니다. 나이가 들수록 새로운 일에 도전하는 건 겁나는 일이니까요. 지금부터라도 취미생활도 하시고, 새로운 일도 해 보시는 걸 추천합니다. 아이 자립을 연습시키듯 우리 부모도 자립 연습을 하는 겁니다. 이렇게 하면 부모의 독립 준비와 함께 현재 사춘기를 보내는 자녀와 자연스러운 거리를 확보하는 일거양득의 혜택을 누릴 수 있을 겁니다.

모든 일에는 원인과 결과가 있습니다. 자녀 양육의 최종 목적지는 부모와 아이가 독립하는 것입니다. 이 목적지는 결과가 됩니다. 이 결과를 위해서는 바른 원인이 있어야 합니다. 바로 자녀와 부모가 서로에게 건강하게 독립할 수 있도록 어릴 때부터 연습하는 것입니다.

    자녀가 선택, 실패, 회복할 충분한 기회를 가질 수 있도록 제공해 주세요. 부모도 자녀가 장성하여 집을 떠났을 때 외롭지 않도록 자녀로부터 독립 준비를 시작하세요. 목적지에 안전하게 도착하기를 응원합니다.

## 스타일쌤 MEMO _ 내적 동기

저는 학습환경 디자인 교육 전문가입니다. 학습환경 디자인은 학습자가 주도하여 원활하고 수월하게 학습 과정이 진행되도록 교과과정과 교육내용을 디자인하는 학문입니다. 학습환경에는 물리적 환경도 포함됩니다. 제가 가장 많이 받는 질문은 "책상을 어디에 두어야 집중이 잘 되나요?"입니다. 아주 좋은 질문입니다. 방 배치, 조명의 조도와 각도, 아이의 눈높이에 보이는 책꽂이나 물건들과 같은 수많은 요소가 학습하는 데 영향을 미치기 때문입니다.

그런데 연구하다 보니 가장 중요한 학습환경 요소는 책상이나 교과과정, 교수법과 같은 물리적 환경이 아니라 학습자의 마음인 내적 환경인 것을 발견했습니다. 아무리 환경이 우수해도 학습자가 마음을 먹지 않으면 학습이 되지 않습니다. 반면 환경이 제대로 갖추어져 있지 않아도 학습자의 마음에 강한 의지가 있으면 진정한 학습이 일어납니다. 이게 바로 내적 동기지요. 내적 동기는 활동 자체를 하면서 오는 만족감과 즐거움으로, 외부에 어떠한 자극이나 보상이 없어도 활동하는 능동적인 힘입니다.

아이의 내적 동기를 강화하는 가장 영향력 있는 요인은 바로 부모입니다. 부모님이 어떤 가치관을 따르고 있느냐에 따라, 또 그 가치관을 어떻게 표현하느냐에 따라, 자녀의 내적 동기가 흔들리지 않는 바위처럼 단단해질 수도 있고, 후 불면 날아가는 모래 같을 수도 있습니다. 그래서 부모님의 의식이 깨어 있는 것이 매우 중요합니다. 부모님이 현재 처한 상황에 어떻게 반응하는지는 부모님의 의식에 따라 달라집니다. 어려운 일이 닥쳤을 때 무엇을 선택하는지, 실패했을 때 털고 일어나 다시 시도하는지, 부모의 모든 결정은 자녀에게 각인이 됩니다. 반면, 부모님이 꽉 막힌 의식으로 선택하고 결정하는 것도 자녀들에게 같은 방식으로 각인이 됩니다. 부모님이 하셨던 것처럼 어려운 일이 생기면 회피하거나 불평하고 포기하는 방법을 따라 할 가능성이 큽니다.

아이가 배우고자 하는 마음을 갖고 인생의 주인으로 살아가려면 내적 동기가 단단해야 합니다. 흔들림 없고 자율성이 강한 내적 동기는 부모님의 의식에 따라 형성되고 강화됩니다. 2020년에 실시한 한 연구에 의하면 중학생이 부모님의 양육 태도를 긍정적으로 인식한 경우, 학교생활 적응도 잘하고 스마트폰에 대한 의존도도 낮은 것으로 나타났습니다. 부모님이 스마일공식을 통해 긍정적인 생각과 의식을 가진다면 자녀의 학교생활뿐만 아니라 인생을 살아가는 태도에도 선한 영향을 미치게 될 것입니다.

# 2장

## 지금, 부모의 의식 혁명

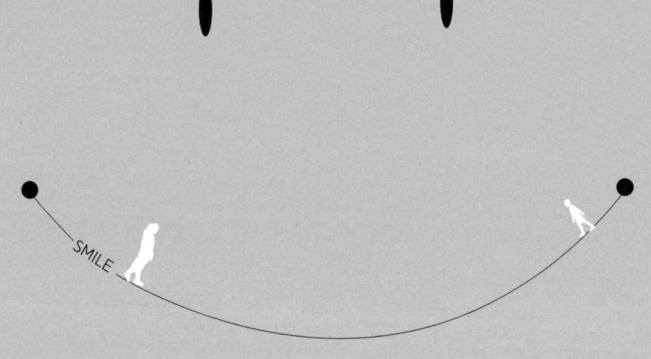

## 마인드 세팅하기

의식은 마치 물속에 잠겨 있는 빙하와 같습니다. 빙하인 의식을 구성하는 것은 다름 아닌 '생각'입니다. 그리고 생각이 물 밖으로 표현되는 빙산은 '말'입니다. 그러므로 의식을 구성하기도 하고, 의식이 표현되기도 하는 '생각'이 아주 중요합니다. 어떤 생각을 하느냐에 따라 의식도, 표현되는 말도 완전히 달라질 수 있습니다.

미국 스탠퍼드 대학교 심리학과 캐럴 드웩Carol S. Dweck 교수는 무슨 일이든 도전하려고 하는 사람들과 도전을 회피하고 안주하려는 사람들의 차이가 어디에 있는지 궁금했습니다. 그래서 실패를 겪고도 다시 일어나는 사람들은 어떤 사람인지, 실패했을 때 바로 포기하는 사람은 어떤 사람인지 찾아보며 그 원인이 무엇인지 연구했습니다. 그리고 마침내 두 그룹에 속한 사람들의 차이가 '마인드셋'이라고 불리는 마음가짐이 다른 것에 있음을 발견했습니다. 캐럴 교수는 고정 마인드셋Fixed Mindset과 성장 마인드셋Growth Mindset 차이가 사람들의 행동과 태도를 어떻게 다르게 하는지 저서 『마인드셋』에서 소개했습니다.

'고정 마인드셋'은 인간의 자질, 지능, 능력, 개성, 태도 등이 불변한다는 믿음입니다. 사람이 태어날 때 타고난 것은 후천적으로 변하지 않는다고 생각합니다. 그래서 노력할 필요를 느끼지 못합니다. 이미 모든 자질과 능력 등이 결정되어 있다는 이 마음가짐은 인생 전반에 걸쳐 지대한 영향을 미칩니다. 고정 마인드셋을 가진 사람들의 문제가 되는 가장 큰 특징은 무엇이든 배우려고 하지 않는다는 점입니다. 나아지고 발전할 거라는 믿음의 결여가 학습 욕구를 방해하는 것입니다. 시험공부를 열심히 했는데도 성적이 원하는 것만큼 나오지 않으면 고정 마인드셋을 가진 사람은 '내가 그러면 그렇지. 원래 머리가 안 좋은데, 열심히 한들 성적이 잘 나오겠어?'라고 반응하며 다음에 같은 상황에 부닥치면 미리 포기하고 시도조차 하지 않게 됩니다.

제가 오랫동안 연구한 '스마일공식'과 '파워공식'의 근간은 바로 이 '성장 마인드셋'에 있습니다. 성장 마인드셋은 '성장'에 초점을 맞추면서 현재 할 수 있는 최선으로 미래를 준비합니다. 또한, 이미 지나간 과거를 후회하고 그 원인을 자신에게 찾으며 자책하는 대신 인정하고 받아들이는 태도를 보입니다. 그렇다고 무턱대고 노력만 하면 내가 원하는 대로 다 될 거라고 믿는 것은 경계해야 합니다. 지금까지 40~50년 가까이 부정적인 생각을 하며 살아왔는데, 하루아침에 '오늘부터 긍정적인 생각을 해야겠어.'라고 결심한다고 긍정적인 생각을 할 수 있는 것은 아닙니다. 어떤 노력을 할지 구체적인 계획이 필요하고, 계획을 실행하는 중에도 지속적인 평가와 수정이 이루어져야 합니다. 성장 마인드셋으로 생각하면 부모도, 아이도 발전하는 방향으로 나아갈 수 있습니다.

## 긍정의 안경을 써라

몇 년 전, 법륜스님의 즉문즉설 강연에서 한 어머니가 습관적으로 욕을 하는 자녀를 어떻게 고칠 수 있는지 질문했습니다. 그 어머니의 질문에는 간절함이 담겨 있어서 스님이 어떤 좋은 방법을 소개해 주실까 기대했습니다. 그런데 스님은 '못 고쳐.'라고 아주 단호하게 말씀하셨어요. 그럼, 아이가 욕을 할 때마다 너무 화가 나고 속상한데 계속 참아야 하는지 다시 질문하자, 그제야 눈이 번쩍 뜨이는 답을 해 주셨습니다. 질문자의 친정어머니가 어린아이를 키워 주셨는데, 평소에도 욕을 좀 하시는 분이셨나 봅니다. 그리고 질문한 어머니도 자녀를 키우면서 욕을 하셨대요. 스님의 말씀인즉슨 어릴 때 노출된 욕으로 아이의 언어는 프로그래밍이 끝났다는 겁니다. 나중에 배운 욕은 고칠 수 있지만, 말을 처음 배우듯이 습득한 욕은 고칠 방법이 없습니다. 그래서 '아, 쟤가 나와 우리 엄마를 닮아서 욕을 언어처럼 하는구나.'라고 받아들여야 한다는 것입니다. 이렇게 되면 아이가 욕을 해도 그냥 말을 한다고 생각하니까 엄마가 화를 낼 필요가 없겠지요. 감정적으로 대처하지 않고 언어처럼 말하는 욕을 고치기 위해 "애야, 말을 그렇게 하면 안 된다. 좋은 말을 하자."라고 계속 가르쳐 주라고 알려 주셨습니다. 그러면 듣는 아이도 잔소리로 듣지 않고, 엄마에게 화를 내며 대들거나 반항하지 않고, 조언으로 듣는다는 것입니다.

　이것이 바로 여러분과 제가 이 책을 통해 스마일공식을 훈련하는 여정 중 하나입니다. '욕이 아니라 언어구나.'라고 생각하는 것처럼 이미 형성된 여러분의 관점을 조금만 바꿔서 우리 아이가 반항하는 것을 보면서 '자기 생각을 표현할 정도로 컸구나.' 생각하면 됩니다. 말을 안 하면 '뭐가 불편하고 힘든가 보다.'라고 여기면 됩니다. 친구를 너무 좋아하면 '독립할 준비가 되었네.'라고 기뻐하면 됩니다. 휴대전화를 계속 만지작거리면 '재미있는 거에는 집중할 수 있구나.'라고 생각하면 됩니다.

저는 이것을 '긍정 안경' 쓰기라 부르는데 이렇게 자녀를 긍정적으로 바라보는 시각으로 바뀌고 나면 가장 좋은 점은 부모님들이 전에 자녀의 문제행동이라고 생각했던 것들이 더는 문제로 보이지 않는다는 것입니다. 그리고 감정적으로 대처하지 않고 자녀에게 진짜 필요한 것이 무엇인지 볼 수 있게 됩니다. 자녀도 부모님이 화내거나 잔소리하지 않으니까, 태도가 부드러워지겠지요? 부모와 자녀 관계가 회복되면 자녀에게 필요한 것을 부모가 도와줄 수 있고, 자녀는 그 도움을 기쁘게 받을 수 있습니다. 무엇보다 유익한 것은 긍정 안경을 쓴 부모님 아래서 자란 아이가 긍정적인 시각으로 인생을 살아갈 확률이 높다는 점입니다.

긍정 안경을 쓴다는 것이 무조건 덮어 두고 좋게 생각하라는 뜻은 아닙니다. 아직 자라고 있는 아이들은 부모님들의 훈육과 지지가 필요합니다. 위험하고 어긋난 선택이나 행동을 할 때는 바로잡아 주는 것이 부모의 역할입니다. 잘못했는데도 묵인하고 용납하는 것은 방임적 양육 방식이니 헷갈리시면 안 됩니다. 아이의 실수나 부족한 점을 긍정적으로 바라보는 것도, 아이의 잘못을 바로잡는 것도, 모두 아이에게 필요합니다. 자녀의 말과 행동의 원인을 잘 파악해서 훈육과 지지를 제때 사용해야 합니다. 아이가 부모와 다른 인격임을 인식하고, 다른 생각과 감정을 갖는 것이 당연하다고 받아들이는 것이 긍정 안경을 쓰는 출발입니다. 아이가 내린 해석이 부모가 한 해석과 다르더라도 수용하는 것이 긍정 안경을 잘 쓴 것입니다. 상황과 기분이 달라도 흔들림 없이 평정심을 유지하며 아이를 대할 수 있는 것이 긍정 안경을 쓴 부모의 특징입니다. 아이의 잠재력과 가능성을 믿으며 끝까지 응원해 주는 것이 긍정 안경을 쓴 부모입니다.

## 기대인가? 욕심인가?

우진이는 피아노를 열정적으로 치는 아이였습니다. 피아노를 배운 적은 없지만, 음악을 들으면 바로 건반에서 연주할 수 있는 절대음감을 가진 아이였어요. 그런데 우진이 부모님은 우진이가 공부해서 평범한 회사원으로 사는 것이 가장 좋다고 생각하시는 분이었습니다. 우진이는 초등학교 6학년 때, 피아노 전공으로 예술 중학교에 진학하고 싶어 했습니다. 다른 아이들은 피아노 학원에 개인 강습까지 받으면서 준비하는 예술 중학교 입학시험을 우진이는 학교 선생님들께 물어 가며 혼자 준비했습니다. 그리고 우진이를 응원해 주시는 담임선생님의 도움으로 원서를 제출하고 시험까지 치러서 당당하게 합격했습니다. 그러나 나중에 그 사실을 아신 우진이 부모님은 오히려 담임선생님을 탓하며 아이를 부추겼다고 항의하셨습니다. 물론 우진이는 예술 중학교에 진학하지 못했습니다. 일반 중학교와 일반 고등학교를 졸업하고 웬만한 대학교에 진학했습니다. 그러나 결국 대학교를 1년 다니고 자퇴했습니다. 지금은 음악 전문 학원을 거쳐 어릴 때부터 그렇게 하고 싶던 피아노 연주를 하며 지내고 있습니다. 우진이는 부모님이 바라던 평범한 회사원은 못 되었지만, 자기가 좋아하는 일을 하게 되어 참 행복합니다.

진짜 기대는 아이가 결정한 것을 잘할 수 있을 거라고 믿어 주는 것입니다. 욕심과 기대를 제대로 구분해야 아이가 원하는 것을 필요에 따라 도울 수 있습니다. 그 구분이 모호해지면 부모는 아이의 좋은 성적으로 자신의 체면을 세우려고 합니다. 아이의 안정된 직장을 부모의 노후대책으로 생각하는 분도 있을 수 있습니다. 마치 가입해 놓은 보험처럼, 위급할 때 본인 마음대로 아이의 인생을 써도 된다고 생각하는 분도 계십니다. 이런 부모는 그걸 욕심이라 부르지 않고 기대라고 착각합니다.

## 타인의 관점으로 바라보라

부모가 자녀에 대한 욕심을 내려놓고 진짜 기대를 하려면 부모님이 먼저 조망 수용 능력을 키우는 것이 필요합니다. 조망 수용 능력이란 사회적 대인관계 능력으로 자신을 이해하면서 상대를 이해하는 능력을 뜻합니다. 영어로는 Perspective-taking이라고 표현하며 직역하면 '관점을 가져오는 것'이라고 할 수 있습니다. 즉, 다른 사람의 관점을 가져다가 그 사람의 시각으로 바라볼 수 있는 능력입니다. 조망 수용 능력이 좋으면 대인관계도 좋습니다. 상대방을 잘 이해하기 때문입니다. 조망 수용 능력이 높으면 상대방의 생각, 정서, 감정, 처지, 상황 등을 이해할 수 있습니다. 그런데 조망 수용 능력은 먼저 자기 자신을 이해해야 높아질 수 있습니다. 본인이 무슨 관점을 가지고 있고 어떤 생각과 정서, 감정을 가졌는지 모른다면 다른 사람의 관점을 가지고 오는 것이 불가능합니다. 본인의 관점도 모르는데 타인의 관점을 아는 것은 말이 안 되기 때문입니다.

미국 심리학자인 로버트 L. 셀만$^{Robert\ L.\ Selman}$은 사회적 조망단계를 5단계로 설명하며 마지막 단계인 사회적 조망 수용이 14세 이후에 형성된다고 보았습니다. 그런데 14세보다 3배에서 4배 가까이 나이를 먹은 부모님 중에 유독 자녀와 관계에서 조망 수용 능력이 떨어지시는 경우들이 있습니다. 앞서 말한 피아노를 좋아하는 우진이 부모님과 같이 자녀가 어떤 생각을 하고, 감정을 갖는지 이해하지 못하실 수 있습니다.

얼마 전에 우진이 부모님을 만나 잠시 이야기를 할 기회가 있었습니다. 지금이라도 우진이가 다시 대학에 갔으면 좋겠다고 하셨습니다. 앞으로 어떻게 살까, 걱정이 된다는 말씀을 들으며 제가 "무엇이 그렇게 걱정이 되세요?"라고 여쭤봤습니다. 질문과 답을 반복하다 우진이 엄마가 중요한 말씀을 하셨습니다. "저희는 모아 놓은 게 많이 없어요. 우진이 아빠가 이제 곧 은퇴하는데, 그 후에는 우진이가 경제적으로 집안에 도움이 되었으면 좋겠어요. 그런데 저렇게 피아노만 치고 돈 벌 생각은 안 하니 답답합니다."

우진이 부모님은 조망 수용 능력이 낮으실 겁니다. 그러다 보니 자신들의 숨은 욕구도 파악하지 못했습니다. 실제는 경제적 안전 욕구가 있는데, 그것을 인식하지 못하니 엉뚱한 곳에 불티가 튀게 됩니다. 우진이에게 자신들의 문제를 투사해서 '너라도 제대로 된 직장에 다니며 돈을 벌어야 한다.'라는 부모 욕심을 '너를 위해 평범한 직장인이 되면 좋겠다.'라는 기대로 포장해서 말씀하셨던 것입니다.

만약 여러분 중에 우진이 부모님과 같이 욕심과 기대를 혼동하시는 분이 계신다면 두 개념을 잘 구분하시기를 바랍니다. 그리고 자녀를 위한 진짜 기대를 하시기를 바랍니다. 진짜 기대는 부모 본인에게도 할 수 있습니다. "나는 더 나은 부모가 될 수 있어.", "나는 직장에서 더 성장하는 모습을 보여 줄 수 있어."와 같이 자기 스스로가 성장할 수 있도록 자신에 대해 기대할 수 있습니다. 그러기 위해서는 자기 생각을 먼저 점검하고, 자신을 이해하면서 다른 사람의 관점과 생각, 감정을 이해하는 조망 수용 능력을 키우는 것이 도움이 될 것입니다.

# 통제 가능한 것 VS 불가능한 것

제 막내 아이는 늦둥이로 태어났습니다. 이제 갓 3살이 지났어요. 참 귀하고 사랑스러운 아이입니다. 자연분만으로 건강하게 출생한 아이와 집으로 돌아온 이틀 후에, 병원에서 연락이 왔습니다. 신생아 검사 중에 수치 이상을 보이는 항목이 있다고 다시 검사해야 한다고 하더군요. 눈이 많이 내린 추운 겨울이었어요. 이제 생후 5일 된 아이를 꽁꽁 싸매고 병원에 가서 다시 검사를 진행했습니다. 그리고 이틀 후 병원에서 다시 연락이 왔어요. 검사 결과 아이는 페닌알라닌이라는 아미노산을 분해하는 효소가 없는 유전병으로 판명되었습니다. 분해되지 못한 페닐알라닌의 잉여분이 독으로 작용해서 뇌 발달을 저해할 수 있고 장애를 유발할 수 있다는 설명을 들으니, 머리가 하얗고 눈앞이 깜깜해졌습니다. 다행히도 아미노산은 단백질이 함유된 음식으로만 체내에 공급되기 때문에 식이조절을 하면 된다고 하더군요. 먹는 것만 조심하면 장애를 입지 않고 자랄 수 있다는 의사의 진단에 가슴을 쓸어내렸습니다. 그 후 아이는 단백질이 포함되지 않은 특수 분유를 먹고, 채소 중에서도 단백질 함유량이 적은 재료를 선별하여 정확하게 무게를 재서 먹고 있습니다. 혹시 페닐알라닌의 잉여분이 남을까 봐 특히 조심하면서 키우고 있어요. 또래 아이들과 만나 간식을 먹을 때는 그 아이들 부모님께 미리 양해를 구합니다. 좋은 마음으로 간식을 나눠 주셨다가 혹시라도 단백질이 함유된 음식을 먹으면 제 아이가 위험하니까요. 그러면 많은 분이 "언제까지 그렇게 먹어야 해요?"라고 묻습니다. 저는 "평생이요."라고 대답합니다.

유전병 판정을 받고 며칠 동안 많이 울었어요. 왜 우리 아이가 이렇게 태어났을까? 아이에게 유전병이 생겼다는 것은 저와 제 남편이 보인자를 하나씩 가지고 있었다는 뜻이고, 양가 부모님들께서도 누군가는 그 유전자를 가지고 있다는 의미입니다. 그렇게 생각이 거슬러 올라가니 이건 울고 있을 일이 아니라 그냥 받아들여야 하는 일이라는 것을 깨달았습니다. 제가 동양인 여성으로 이 시대에 태어난 것처럼, 우리 아이는 유전병을 가지고 태어난 것뿐이니까요.

　인생이 불공평하다는 사실을 수용한다고 진흙탕이던 인생길이 갑자기 꽃길로 변하지는 않습니다. 그러나 진흙탕을 묵묵하게 걸어갈 힘은 생깁니다. 꽃길이 나오지 않을까 기대하고 실망하기를 반복하며 소모되는 감정의 에너지를 걷는 힘으로 사용하는 겁니다. 여력이 되면 장화를 구해서 신기도 하고요. 제가 막내 아이의 유전병을 수용한 것과 다르게 아이는 먹어 보고 싶은 것이 점점 많아져서 떼를 쓰고 힘들어합니다. 앞으로 더 힘들어질 거예요. 그러나 저는 우리 아이가 처한 상황을 한탄하는 데 에너지를 쓰기보다 지금 제가 할 수 있는 일에 집중하기로 했어요. 저는 매일 아이가 먹을 수 있는 식재료의 무게를 재고, 조리법도 개발하려고 노력합니다. 같은 음식을 매일 먹는 것은 지루한 일이니까요. 아이가 최대한 즐겁게 식사할 수 있도록 돕고 있어요. 감사하게 아이는 아직까지 건강하게 자라고 있습니다. 그리고 아이가 자신의 상황을 제대로 인지했을 때, 아이도 제가 그러한 것처럼 불공평한 자신의 처지를 원망하고 주저앉는 것이 아니라 자신이 할 수 있는 일에 집중할 수 있기를 바라고 있습니다.

인생의 불편한 진실을 받아들이면 문제를 더 정확하게 볼 수 있습니다. 사실, 문제는 불공평한 상황 자체가 아니라 그 상황을 바라보는 각자의 해석에 있습니다. 같은 문제가 있어도 사람마다 반응이 다릅니다. 똑같이 성적이 떨어졌을 때, 어떤 아이는 '나는 공부는 아닌가 보다.'라고 아예 손을 놓아 버리고, 다른 아이는 '이번에 수학이 어려웠으니 다음 시험까지 수학을 더 공부해야겠다.'라고 반응합니다. 문제없는 인생은 없습니다. 영국 희극배우인 찰리 채플린Charlie Chaplin의 말처럼 인생은 멀리서 보면 희극이고 가까이 보면 비극입니다. 공부 잘하는 아이, 대기업 다니는 남편과 아내가 사는 옆집이 부러워 보여도 그 집도 문제는 있습니다.

인생마다 문제가 있다는 사실을 받아들이지 못하면 불행해집니다. 그런 사람들은 문제를 외면하며 애써 괜찮은 척하려고 노력하기도 합니다. 문제가 있는데, 없는 척하면서 자신과 주변 사람들을 속이면서 살아가지요. 문제를 감추기 위해 완벽한 것처럼 꾸밉니다. 그러나 이 세상에 완벽한 것은 없습니다. 더 풀어서 말하면, 세상에 완벽한 사람은 없습니다. 완벽한 부모도, 완벽한 자녀도 존재하지 않습니다. 얼굴 생김새가 다 다른 것처럼 관점과 취향, 가치와 생활방식이 다 다릅니다. 그런데 이렇게 다 다른 사람들을 만족시킬 수 있는 완벽한 존재가 있을 수 있을까요? 그건 불가능한 일입니다. 그러므로 완벽한 존재가 되려고 하지 말고, 본인 스스로의 모습으로 살아가는 것이 좋습니다. 타인의 마음에 들려고 기준을 남에게 맞추다 보니 정작 자기 자신은 없어집니다. 자기 자신을 있는 모습 그대로 바라보며, 주어진 문제를 직면하며 사는 것이 인생을 잘 살아가는 지혜로운 방법입니다.

라인홀드 니부어Reinhold Niebuhr의 평정을 구하는 기도

하나님, 제가 변화시키지 못할 것은 그대로 받아들이는 평정을 저에게 주십시오. 제가 변화시킬 수 있는 것은 변화시킬 용기를 저에게 주십시오. 그리고, 이 둘 사이를 구별할 수 있는 지혜를 저에게 주십시오.

## 성장과 성장통 구분하기

고통은 성장하게 하는 힘이 있습니다. 고통은 통증이 생기는 곳에 집중하게 하는 힘이 있습니다. 아이가 아프면 부모님이 더욱 유심히 아이를 살펴 줍니다. 그래서 가끔 부모님의 애정이 필요할 때, 아이들은 꾀병을 부리기도 합니다. 아프면 부모님이 자기에게 관심을 두고 시간을 할애해 주는 걸 알기 때문입니다. 질병도 마찬가지입니다. 고통이 있을 때, 비로소 몸도 마음도 생각도 들여다보며 치료하게 됩니다. 성공한 사람들의 특징 중 하나가 실패를 통해 배우고 더 크게 성장했다는 점입니다. 실패는 고통을 유발합니다. 그리고 실패라는 고통을 통해 사람들은 아프고 힘들지만 왜 실패했는지 집중해서 바라볼 용기와 힘을 얻습니다. 고통을 싸매고 돌보다 보면 전에는 알지 못했던 것을 배우게 됩니다. 그리고 성장하게 됩니다.

지훈이는 인사성이 밝고 친구들과도 잘 어울리는 사교적인 아이입니다. 그런 지훈이가 엄마에게 유독 거친 말을 하며 무시하는 행동을 보였습니다. 지훈이 엄마는 차분하고 나긋하신 분이어서 저는 지훈이가 왜 그렇게 행동하는지 이해가 잘 안 되었습니다. 그러던 어느 날, 지훈이 엄마가 저에게 상담을 요청하셨고 상담을 통해 지훈이가 왜 그렇게 행동하는지 알게 되었습니다. 지훈이 가족은 시댁 어른들과 같이 살고 있었습니다. 지훈이 아빠는 물론이고 시어른들은 지훈이 엄마가 행동이 느리다며 함부로 대했습니다. 지훈이 엄마의 친구들이 잠시 집에 놀러 와도 지훈이 아빠는 게임을 하며 인사조차 하지 않았습니다. 시어른들은 지훈이와 동생이 보는 앞에서도 지훈이 엄마를 나무라고 소리를 지르셨습니다. 지훈이 엄마는 너무 힘들어서 분가를 원했지만, 남편이 협조해 주지 않아 힘들어하고 계셨습니다. 다행히 지훈이 아빠를 잘 설득해서 부부 상담을 받을 수 있게 되었고,

그 일을 계기로 분가하게 되었습니다. 집안 어른들이 엄마를 함부로 대하는 걸 보고 자란 지훈이는 자신도 모르게 엄마를 무시하고 막 대했던 것입니다.

그 후로 지훈이가 엄마를 대하는 태도는 완전히 바뀌었습니다. 엄마가 좋은 마음 한편으로 부당한 대우에도 가만히 있는 엄마를 원망하는 이중적인 마음이 있었던 지훈이는 엄마에게도 상냥한 말을 하고 다정한 태도를 보이며 지내고 있습니다. 지훈이 가족은 아프고 힘든 일이 있었지만, 그 일을 통해 무엇이 잘못되었는지 진단하고 회복할 수 있게 되었습니다.

로마의 스토아 철학자인 에픽테토스$^{Epicktetos}$는 노예 신분으로 태어났습니다. 주인의 학대로 다리를 절게 된 그는 자신의 인생을 행복하게 만들기 위해 노력했습니다. 그가 고통을 대하는 태도에는 배울 점이 있습니다.

인간에게 고통을 주는 것은 일어난 일 그 자체가 아니라, 그 일에 대한 자신의 견해이다.

## 반가운 고통, 성장통

성장을 한다는 것은 반가운 일입니다. 한 개인의 몸과 생각, 마음이 자라는 것은 축하하고 기뻐할 일이지요. 그런데 성장통은 달갑지 않습니다. 아픈 것을 좋아하는 사람은 없으니까요. 저는 반가운 고통인 성장통을 크게 몸 성장통, 인지 성장통, 마음 성장통으로 나누어 봤습니다.

먼저 몸이 자라면서 발생하는 '몸 성장통'이 있습니다. 아기가 태어나서 백일이 지나면 그때부터 이앓이를 시작합니다. 유치가 잇몸을 뚫고 나오는 과정에서 간지럽기도 하고 통증도 느껴집니다. 말로 표현을 못 하는 아가들은 손에 잡히는 물건들을 입에 넣고 씹으면서 통증을 완화합니다. 이 앓이가 영아 때만 있는 건 아닙니다. 영구치로 교체되는 6세에서 10세 어린이들도 비슷한 경험을 합니다. 이 시기 어린이들은 발목이나 발바닥, 무릎에도 성장통을 느낍니다. 키가 자라기 때문이죠. 이렇듯 몸이 성장하면서 시기에 따라 성장통이 동반됩니다.

'인지 성장통'도 있습니다. 새로운 개념을 접하게 되면 사람들은 흥미를 느낍니다. 흥미가 유지되어 학습으로 진행되는 때가 있고, 흥미는 느꼈지만, 그걸로 그치는 경우가 있습니다. 단순한 흥미로 끝나는 경우는 두 가지입니다. 하나는 새로운 개념에 대한 정보가 지속해서 제공되지 않는 경우입니다. 또 하나는 정보는 충분하게 제공되나 수준이 너무 낮거나 높은 경우입니다.

학습으로 연결되는 경우도 두 가지입니다. 하나는 정보가 충분하게 제공되는 경우, 또 하나는 제공된 정보가 현재 학습자의 수준보다 조금 높은 단계일 때입니다. 인지 성장통은 학습자가 자신의 수준에서 주어진 과제에 몰두할 때 생깁니다. 어렵지만 재미도 있는 것이 인지 성장통의 특징입니다. 그리고 인지 성장통은 특정 나이에 구애받지 않고 인지적으로 자극을 받으며 학습이 이루어질 때 발생합니다. 어린 영아들도, 성인이나 노인들도 인지 성장통을 겪을 수 있습니다.

반가운 고통의 마지막은 '마음 성장통'입니다. 인지 성장통과 같이 마음 성장통도 어느 연령대이든 경험할 수 있습니다. 그러나 특히 집중적으로 마음 성장통을 겪는 시기는 사춘기입니다. 잇몸이나 성장판이 밀집된 부분에 통증이 발생하는 것처럼 마음이 커질 때 통증이 발생합니다. 아이의 내부로 발생하는 통증은 아이들의 사고를 혼란스럽게 만듭니다. 마치 아플 때 다른 것을 정확하게 보고 판단하기 어려운 것처럼, 정상적인 사고를 하기가 어렵습니다. 때로는 사춘기 자녀가 우두커니 앉아 멍하게 어디를 응시하고 있는 모습을 발견하실 겁니다. 밤낮 할 것 없이 계속 잠을 자는 때도 있을 수 있습니다. 마음 성장통을 겪는 표시입니다. 아이의 외부로 드러나는 통증은 말과 행동의 변화를 불러옵니다. 앞에서 살펴본 것처럼 아이의 타고난 기질이나 애착 유형에 따라 대화를 단절할 수도 있고, 거친 말로 표현할 수도 있습니다. 짜증을 많이 내거나 폭력적인 행동을 보이는 것도 외부로 마음 성장통이 나타나는 경우입니다.

성장을 하려면 반드시 고통이 따른다는 진리를 받아들이면 성장통을 바라보는 시각이 바뀔 겁니다. 사춘기 자녀와의 관계에서 아주 괴롭고 아프시죠? 성장과 성장통의 원리로 살펴보면 부모님의 아픔도 다음 단계로 성장하기 위한 성장통이라는 걸 알 수 있을 겁니다.

## 착각이 불러오는 착각

### 다 보고 있다는 착각

사람은 다 볼 수 없습니다. 이를 증명한 유명한 실험이 있습니다. 연기자가 길을 가는 행인에게 다가가서 길을 물어봅니다. 길을 안내하는 동안 그 두 사람 사이로 남성 2명이 큰 나무문을 나르며 지나가도록 설정했습니다. 나무문에 의해 행인의 시야가 가려진 몇 초 동안 처음에 길을 물어보던 연기자를 다른 연기자로 바꾸었습니다. 놀랍게도 50%에 달하는 행인들이 대화하던 상대가 바뀌었다는 것을 인지하지 못했습니다. 연기자는 완전히 다른 모습을 하고 있었고 심지어 연기자의 성별까지 바뀌었지만, 행인들은 상대의 변화를 알아차리지 못했습니다. 실험에서 본 것처럼 눈을 뜨고 보고 있지만, 집중한 것 외에 나머지는 정확하게 볼 수 없었던 것입니다. 이것이 인간의 한계입니다.

다양한 정보 가운데 자기에게 의미 있는 특정한 정보만 선택적으로 받아들이는 현상을 '선택적 지각'이라고 합니다. 사람이 많은 길 한복판이나 졸업식장과 같은 붐비는 장소에서도 내 아이는 한눈에 보이는 현상이 대표적인 '선택적 지각'입니다. 부모님들이 아이를 있는 그대로 보지 못하는 결정적인 원인 또한 바로 '선택적 지각'이 우리 머릿속에서 작용하기 때문입니다.

민준이는 먹을 때가 가장 행복한 아이입니다. 얼마나 복스럽게 먹는지 민준이가 먹는 모습만 봐도 배가 부른 느낌이 들 정도입니다. 그런데 민준이 아빠는 누구든 음식을 먹을 때 쩝쩝거리는 소리를 내는 것을 극도로 싫어하셨어요. 민준이가 음식을 먹다가 조금이라도 소리를 내면 아주 심하게 화를 내셨습니다. 더 안타까운 사실은 민준이가 음식을 씹을 때 실제로는 큰 소리가 나지 않는다는 점이었습니다. 민준이가 사춘기가 되어 아빠를 피하기 시작하자, 그제야 민준이 아빠는 정신이 번쩍 들었습니다. 민준이 아빠에게 왜 그렇게 쩝쩝거리는 소리가 싫은지 여쭤보자, 한참을 고민하시다가 이렇게 말씀하셨습니다. "처음 직장에서 저를 괴롭히던 상사가 있었는데 먹으면서 계속 쩝쩝거렸어요. 그래서 민준이가 무엇을 먹기만 하면 그 소리가 들리면서 기분이 나빠졌던 거 같아요." 민준이 아빠 머릿속에 '선택적 지각'이 실제 민준이가 음식을 먹으며 내는 소리보다 크게 들리게 만든 것입니다.

### 다 알고 있다는 착각

수빈이 엄마가 울면서 흥분한 목소리로 전화를 주셨습니다. 자초지종을 들어보니 길을 가다가 수빈이를 만나서 반갑게 불렀는데 자기를 보고도 모르는 체하고 지나갔다는 겁니다. 외동딸인 수빈이를 애지중지 키웠는데, 자기가 옷을 대충 입고 있어서 창피해서 그랬나 별생각이 다 든다면서 속상해하셨어요. 저는 "수빈이가 왜 그랬을까요? 그럴 아이가 아닌데요. 혹시 못 본 거 아니에요?"라고 다시 물었습니다. 수빈이 엄마는 단호하게 말씀하셨어요. "아니에요. 저랑 눈이 마주쳤어요. 근데도 그냥 지나갔어요. 얼마나 어이가 없고, 억장이 무너지는지 몰라요." 저는 아무리 혼자 생각해 봐도 수빈이 마음을 알 수가 없으니, 수빈이에게 직접 물어보시는 게 좋겠다고 말씀드렸어요. 수빈이 엄마는 자존심이 상한다고 한참을 고민하시다가 한번 물어보겠다며 전화를 끊었습니다. 어떻게 되었나 궁금해하고 있었는데 다음 날 수빈이 엄마가 전화를 주셨어요. 제가 예상했던 대로 수빈이는 엄마를 보지 못했습니다. 음악을 들으면서 가던 중이었대요. 엄마를 보지도, 엄마가 자기를 부르는지도 몰랐다며 "어디서 그랬어?"라고 물었답니다.

부모님들은 '다 알고 있다는 착각'에 자주 빠집니다. 다 알고 있다는 착각은 선입견에서 비롯됩니다. 이미 답을 정해 놓고, 원인을 규명해 놓고, 결과를 자신의 선입견에 끼워 맞춥니다. 결론까지 이르는 과정이 간편하고 신속할 수는 있으나 부모와 자녀 관계는 균열이 가게 됩니다. 어떨 때는 자신의 생각조차도 모를 때가 있습니다. 하물며 상대방의 생각을 다 아는 것은 불가능합니다. 이해하기 어렵고 의아한 일이 생기면 지레짐작하지 마시고, 아이에게 물어보세요. 생각보다 우리는 제대로 알지 못할 때가 많다는 점을 명심하시고요.

### 다 기억하고 있다는 착각

중고등학교 때 밤을 새워 가며 외웠던 일명 '암기과목'의 내용을 얼마나 기억하고 계신가요? 그 내용의 대부분은 시험을 치르는 동안에 시험지 위에 쏟아 내었을 뿐 장기기억으로 변환되지 못합니다. 그러나 도서관에서 잠을 깨기 위해 친구와 음료수를 마시던 차가운 밤공기는 기억납니다. 느낌과 감정은 경험이어서 장기기억화 되기 때문입니다.

기억은 이렇게 왜곡되기 쉽습니다. 정보나 경험만 단순하게 저장하는 것이 아니라 그 정보를 얻을 때 받은 느낌이나 경험을 하는 그 순간의 감정까지도 같이 저장하기 때문입니다. 그래서 같은 정보를 받고, 같은 경험을 해도 사람마다 다르게 기억합니다. 시간이 지나면서 기억은 점점 희미해지고 몇 번의 각색을 더 거치면서 변조가 됩니다.

심리학자 대니얼 스카터$^{Daniel\ Schacter}$는 기억의 일곱 가지 원죄를 정의했습니다. 짧게 기억하는 일시성, 건망증처럼 깜빡하는 방심, 알고 있는데 막상 기억이 안 나는 차폐, 기억의 출처를 기억 못 하는 오귀인, 암시를 받으면 사실로 기억하는 피암시성, 현재 상황에 따라 과거를 고통스럽거나 행복한 거로 기억하는 편향, 하찮은 일을 중요하게 기억하는 집착이 있습니다. 기억의 일곱 가지 원죄는 사람들에게 보편적으로 나타나며 사람이 다 기억하지 못하고, 기억하는 것이 실제 사실과 거리가 멀다는 것을 방증합니다.[6]

## 추측과 사실

"너 또 게임 하니?"

아빠가 방문을 열었을 때, 아들은 게임을 하고 있었습니다. 그건 사실입니다. 그런데 언제부터 게임을 한 지는 모르는 상황입니다. 대부분 부모님들은 1장의 예에서 등장한 아빠처럼 아이가 공부는 안 하고 게임을 계속했다고 믿어 버

---

[6] 출처: 『The Seven Sins of Memory: How the Mind Forgets and Remembers』, Daniel Schacter, Mariner Books, 2001

립니다. 추측인 줄 인식하지도 못하고요. 이런 예는 너무 많습니다. 현우의 교복 주머니에서 담뱃갑을 발견한 날, 현우 엄마는 심장이 멎는 느낌이 들었다고 했습니다. 착하다고 자신했던 아들이 담배를 피운다는 생각에 하늘이 무너지는 것 같았지요. 남편이 알면 사달이 날 것 같아, 현우를 따로 불러 자초지종을 물었습니다. 현우가 당황해하는 모습을 보면서 현우 엄마는 아들의 흡연 사실을 더 굳게 믿게 되었습니다. 그러나 현우의 흡연 사건은 현우 엄마의 착각으로 마무리되었습니다. 옷에서 담뱃갑이 나온 것은 사실입니다. 문제는 그 옷이 현우 옷이 아니었습니다. 친구랑 피시방에 가서 놀다가 옷을 바꿔 들고 왔던 것입니다. 자기는 담배를 피우지 않는데 갑자기 엄마가 담뱃갑을 내밀며 물으니, 현우도 당황스러웠지요.

사실과 추측을 잘 구분해야 합니다. 추측은 부모가 자녀를 믿는 데 걸림돌이 되기도 하고, 자녀의 참모습을 바라보는 데 걸림돌이 되기도 합니다. 자녀의 행동을 부정적으로 추측한다면 부모가 자녀를 믿기가 어렵습니다. 반대로 자녀의 행동을 너무 긍정적으로만 추측한다면 부모는 자녀를 제대로 보기가 어렵습니다.

민지가 스마트폰을 자주 들여다보는 모습을 본 엄마는 "넌 공부는 안 하고 언제까지 전화기만 붙들고 있을 거야?"라고 소리를 질렀습니다. 엄마의 추측으로 민지는 마음이 상했습니다. 숙제하는 데 필요한 정보가 있어서 스마트폰으로 검색해서 읽고 있었던 중이었거든요. 민지 엄마가 학교에 다닐 때는 종이로 된 책이나 공책을 펴고 공부하고 숙제를 했습니다. 스마트폰을 한다는 것은 게임이나 메신저, SNS 같은 것을 하며 논다고 추측했습니다. 그리고 그 추측은 민지가 공부하고 있는 사실을 제대로 보지 못하게 하였습니다. 사실뿐 아니라 추측은 실제로 자녀가 어떤 아이인지 못 보게 하는 경우도 많습니다. 혜리가 학교 폭력에 가담했다는 학교의 연락을 받은 혜리 아빠는 "우리 혜리는 절대 그럴 일이 없습니다. 얼마나 착한 아인데요. 지금까지 말썽 부린 적이 한 번도 없어요."라며 혜리가 저지른 폭력을 부인했습니다. 우리 아이는 착하다는 추측이 다른 아이를 괴롭혔다는 사실을 믿지 못하게 했습니다.

사실과 추측을 구분하는 일은 아이를 있는 그대로 바라보기 위함입니다. 부모가 아이를 있는 그대로 바라볼 때, 아이의 장점도 단점도 정확하게 볼 수 있습니다.

착각과 추측을 사실과 구분하는 것은 부모가 제대로 된 '긍정 안경'을 쓸 때, 렌즈에 묻은 얼룩이 없이 깨끗하게 닦아 주는 역할을 합니다. 아무리 초점이 잘 맞는 안경을 껴도 렌즈에 손자국과 같은 얼룩이나 이물질이 묻어 있으면 앞을 제대로 볼 수가 없습니다. 착각과 추측의 얼룩을 사실의 천으로 닦아서 앞에 있는 아이를 정확하게 볼 수 있기를 바랍니다. 그러면 긍정 안경을 쓸 수 있는 길이 열릴 것입니다. 긍정 안경에 대해서는 3장에서 자세히 설명해 보겠습니다.

## 자녀에게 진짜 필요한 것은?

　사람은 기본적으로 '내가 옳다.'는 생각을 전제로 사고하고 행동합니다. 내가 옳지 않다고 생각하면 그런 말과 행동을 하지 않겠죠. 부모님들도 지금까지 하셨던 언행이 '내가 이렇게 하는 게 내 아이에게 도움이 된다.'라고 생각했기 때문에 하신 거예요. 그런데 실제 도움을 받는 아이는 다른 평가를 합니다. 그렇다면 부모님들이 '옳지 않았을' 수도 있습니다. 물론 어떤 부모님이 자녀에게 해가 되는 일을 일부러 하시겠어요? 다만, 우리가 맞다고 굳게 믿으며 했던 언행의 결과가 실제 아이에게 도움이 되지 않고 전달이 제대로 안 되었다면 다시 점검해 봐야 하지 않을까요?

### 엄마가 나한테 해 준 게 뭐 있어?

지유는 지금 대학교에 다닙니다. 지유 부모님은 무남독녀인 지유를 정성껏 키우셨어요. 경제적으로 넉넉하지 않았지만, 할 수 있는 것은 다 해 주었지요. 지유는 유독 학구열이 뛰어난 아이예요. 특히 자신이 정해 놓은 대학에 진학하기 위해서 열심히 공부했지요. 하지만 안타깝게도 지유는 원하는 학교에 가지 못했어요. 그래서인지 대학에 진학한 후에 방황하는 시간을 보냈습니다. 지유가 상담을 요청해서 대화하다가 들은 지유의 속마음에 충격을 받았어요. "제 친구 소희 아시죠? 걔는 진짜 별로 공부에 관심도 없었어요. 근데 갑자기 성적이 너무 많이 오른 거예요. 그래서 물어봤더니 수학 과외를 받았더라고요. 부탁해서 과외 선생님 소개까지 받았어요. 근데 엄마, 아빠가 과외비가 너무 부담돼서 안 된다고 과외를 안 시켜 줬어요. 물론 비싼 건 알죠. 근데 그때 과외를 받았으면 전 지금 제가 원하는 대학에 다니고 있을 거예요. 정말 짜증 나요." 지유에게 뭐가 짜증 나는지 물었더니 엄마와 아빠가 돈이 없는 게 가장 짜증 난다고 대답했어요. 부모님이 가난해서 자기가 원하는 학교에 못 갔다면서 원망했어요. 지유에게 그런 생각도, 그런 말도 절대 부모님께 하면 안 된다고 이야기를 하면서도 제 속이 아주 쓰렸습니다. 지유 부모님이 어떤 마음으로 어떻게 뒷바라지하셨는지 아니까요.

이 책을 읽고 계신 부모님들은 어떠신가요? 자녀에게 필요한 것을 주고 계신가요? 그게 아이에게 필요한 게 정말 맞나요? 불필요한 것까지 필요 이상으로 주고 계시지는 않나요?

### 성장기에 절대 필요한 것은 다름 아닌 시간

결론부터 말씀드리면 성장기 아이에게 절대적으로 필요한 것은 시간입니다. 충분히 자랄 수 있는 시간이 필요합니다. 누가 정해 주는 시간이 아닌 자신의 속도에 맞게 자라는 것이 중요합니다. 잘 자랄 수 있는 환경과 적절한 자극이 있다면 성장에 도움이 될 것입니다. 그러나 마치 성장촉진제와 같은 너무 과도한 자극은 오히려 아이에게 독이 될 수 있습니다. 요즘 부모님들은 어떤가요? 자녀가 잘 자라기를 바라면서 제공하는 것들이 진정 아이에게 득이 되는 걸까요? 득인 줄 알았는데 독이 되는 건 아닐까요? 한 번쯤 고민해 봐야 할 문제입니다.

소비자의 요구에 따라 친환경 작물이 환영받고 있습니다. 농축업을 하는 분들 입장에서는 시간도 더 걸리고, 수확량도 더 적을 수 있습니다. 그러나 결국 먹는 사람을 건강하게 하는 작물을 제공하기 위해서 감수해야 하는 시간과 노력입니다. 친환경 작물과 같이 자라는 환경과 과정도, 결과도 건강해지려면 우리 아이들은 어떤 시간을 보내야 할까요?

아이가 성장하는 데 꼭 필요한 시간은 시도해 보는 시간, 실패하는 시간, 회복하는 시간, 다시 도전하는 시간, 성취하는 시간입니다. 주제는 상관없습니다. 안전만 보장된다면 아이가 좋아하고 관심 있는 무엇이든 괜찮습니다.

영유아기 때는 부모님들이 대체로 이 시간을 충분히 제공합니다. 아기들은 목을 가누고 몸을 뒤집으려고 며칠을 낑낑거리고 앉고 걷고 집고 옮기면서 대근육과 소근육의 발달을 이루어 냅니다. 모든 아기는 엄청난 시간 동안 시도하고 실패하고 회복하고 다시 도전하며 성취해 갑니다. 그런데 아이가 나이가 들어 신체를 통제할 수 있게 되면 부모님들은 시간에 인색해집니다. 옆집 아이보다 내 아이가 빨리 해 낼 때의 뿌듯함 때문일 수도 있고, 내 아이가 뒤처질 때 엄습하는 불안을 피하고 싶기 때문일 수도 있습니다. 어쨌든 아이가 성장하는 시간을 단축하려고 노력합니다. 학원을 미리 알아보고, 선행학습도 하고, 친구도 정해 주고, 심지어 취미 생활과 대학까지 대신 정해 줍니다.

부모님이 짜 놓은 완벽한 계획처럼 아이가 컸다고 가정을 해 봅시다. 이제 대학에 입학했거나 사회에 나온 아이는 무엇을 할 수 있을까요? 대학 수강 신청까지 부모님이 도와주고, 대학 과제를 위해 과외를 한다는 기사를 읽은 적이 있습니다. 늦잠을 자서 출근이 늦는다는 전화를 부모님이 대신해 준 신입사원 때문에 황당했다는 기사도 있었습니다. 온실 속의 화초처럼 자라 세상에 부는 작은 바람에도 쓰러지는 아이로 키우는 게 진정 부모님들이 원하는 걸까요? 그렇지 않을 겁니다. 그런데 성장하는 시간을 주지 않으면 이렇게 의존적이고 나약하게 자랄 수밖에 없습니다. 한 번도 스스로 해 본 적이 없으니 혼자 서는 것을 기대하는 것은 마치 기적을 바라는 일입니다.

성장하는 시간은 위의 다섯 가지 시간을 반드시 포함합니다. 아무것도 안 하고 바로 성취하는 시간으로 갈 수 없습니다. 그리고 부모님의 도움으로 어찌어찌 성취했더라도 다른 응용문제가 나오면 대처하지 못합니다. 문제 해결도 불가능하지요. 그래서 문제를 충분히 끌어안고 고민하고 스스로 해보는 시간을 가져야 어떤 문제가 와도 해결할 수 있습니다.

　더 빨리할 수 있다고, 더 많이 알고 있다고, 더 잘 안다고, 혹시 아이가 힘들어할까, 마음이 쓰여서 아이의 문제를 대신 해결해 주고 계시지는 않나요? 만약 그렇다면 아이가 성장하는 시간을 뺏는 것입니다. 당장 멈춰야 합니다. 그리고 시간이 걸려도, 미숙해도, 실수해도, 잘못해도, 실패해도, 아이가 스스로 충분히 연습하고 문제를 해결할 수 있도록 기다려야 합니다. 그게 아이에게 진짜 필요한 거니까요.

## 언제까지 기다려야 하나?

부모로서의 정체성을 확실하게 하고 부모 역할을 즐기기 위해서 반드시 해야 하는 것은 '기다리기'입니다. 자녀에게 절대적으로 필요한 것은 성장하는 시간입니다. 그리고 부모에게 절대적으로 필요한 것은 자녀가 성장하는 시간을 기다리는 것입니다. 아이가 자신의 시간에 클 수 있도록 부모는 기다려 줘야 합니다. 열매 맺는 나무들은 종류에 따라 꽃 피는 시기와 열매 맺는 시기가 다 다릅니다. 같은 종류여도 나무마다 다르죠. 우리 아이들도 마찬가지입니다. 각자의 때가 있습니다. 영어로 'Late Bloomer(레잇 블루머)'라는 표현이 있습니다. '늦게 꽃이 피는 사람'이라는 의미로 다른 사람들보다 늦은 나이에 성과를 내는 사람을 뜻합니다. 친숙한 사자성어로 '대기만성'이 있죠. 결국에는 잘되었지만, 레잇 블루머나 대기만성한 아이를 둔 부모님은 어떠셨을까요? 내 아이 친구들은 다 대학에 진학하는데 내 아이만 입시에 실패했을 때, 취업하는 시기, 결혼이나 출산같이 암묵적으로 정해 놓은 인생의 과업들이 제때 되지 않았을 때, 아이도 힘들지만, 그것을 지켜보는 부모님도 고통스러울 겁니다. 비단 속도가 느린 아이들을 가진 부모님의 문제가 아닙니다. 내 아이가 더 빨리 갔으면 하는 마음에 부모들의 불안감은 짙어지고 조바심을 내게 됩니다. 여러분은 기다리는 것을 잘하시나요? 꾹 참고 계신가요? 살짝만 스쳐도 터지기에 일보 직전인가요? 아니면 진정 편하게 기다리시나요?

### 불안을 믿음으로

그냥 기다리면 되는데 그게 왜 이리도 힘들까요? 기다리는 게 어려운 이유는 크게 두 가지입니다. 먼저, 우리가 미래를 알 수 없기 때문입니다. 앞으로 어떻게 될지 모르니 불안합니다. 그래서 더 확실한 결과를 빨리 보고 싶죠. 그래야 불안한 시간을 줄일 수 있으니까요. 하지만 근본적인 문제를 해결하지 않은 상태에서 시간을 줄인다고 불안감이 사라지지 않습니다. 지금 넘고 있는 산을 넘으면 더 큰 산이 기다리고 있는 게 인생입니다. 무조건 빨리만 가려고 하면 더 큰 불안감에 휩싸여서 기다리는 게 점점 더 어려워질 겁니다.

둘째로, 아이를 믿지 못하기 때문입니다. 지금 아이가 하는 행동을 보면, 아이가 하는 말을 들으면, 아이의 모습을 보면, 앞으로 가망이 없어 보입니다. 덩치는 부모보다 커진 아이가 학업 계획은 둘째치고 일상생활에서도 못 미더운 행동만 골라서 하니까요. 그냥 기다리기만 하면 잘못될 것 같은 생각이 듭니다. 좋아질 가능성이 희박해 보입니다. 아이에 대한 불신은 부모님이 편하게 기다릴 수 없게 만듭니다.

그러면 이 문제를 어떻게 해결해야 할까요? 답은 간단합니다. 믿으면 됩니다. 아이를 믿어 주고, 미래에 아이가 잘 클 거라고 믿으면 됩니다. 이 답에 분명 이런 의문이 드실 거예요. 믿고 싶은데 안 믿어지는 걸 어떻게 하나요? 맞습니다. 갑자기 믿어야지 한다고 믿어지지 않습니다. 눈에 보이는 게 믿지 못할 수밖에 없는 이유로 넘쳐 나는데, 이 상황에서 믿고 차분하게 기다린다는 것은 매우 어려운 일입니다. 그렇지만 믿는 연습을 해야 합니다. 믿는 것도 결국 결과의 축적입니다. 아이를 못 믿는다는 것은 아이가 불신을 주는 행동을 많이 해서 경험적으로 믿을 수 없는 거예요. 미래를 못 믿는 것은 지금까지 살면서 뒤통수 맞은 경험들이 많기 때문이에요. 이런 불신의 경험이 많을수록 불신은 더 커집니다. 그러니 다음의 세 가지 방법으로 믿는 훈련을 해 보세요.

첫째, 아이의 과거를 생각해 보세요. 아이가 태어나서 지금까지 커 온 날들을 생각해 보세요. 언젠가 클 거라고 생각은 했지만, 이렇게 빨리 클 줄 몰랐죠. 전쟁 같은 날들이 언제 지나가나 했는데, 막상 돌아보면 너무 시간이 빠르다고 생각하실 거예요. 이처럼 지금 사춘기를 지나는 아이도 10년 후, 20년 후에 오늘을 떠올려 보면 언제 이렇게 컸나 하는 날이 올 겁니다. 우리 아이가 지금까지 잘 자란 것을 증거로 아이를 믿어 보세요.

둘째, 주변에 놀랍게 성장한 예를 찾아보세요. 교직에 오래 계신 분들이 하나같이 동의하는 말이 있습니다. 말썽 피우는 아이가 나중에 성공한다는 이야기입니다. 신기하게 칭찬이 아닌 경고의 의미로 이름이 많이 불린 아이들이 자라서 잘되는 경우가 많습니다. 명문대에 가거나 대기업에 취업한다기보다 의외의 곳에서 사업이나 관계 부분에서 성공하는 경우가 많아요.

혜지도 그런 아이였어요. 얼마나 말을 안 듣는지, 선생님의 말씀을 꼭 반대로 하는 아이였습니다. 집에서도 마찬가지였는지 부모님도 늘 지쳐 보이셨어요. 계속 말썽을 피우던 혜지는 커서 지금은 교사가 되었습니다. 교사 자격증을 취득한 후에 혜지와 만날 기회가 있었어요. 어떻게 진로를 결정했는지 물었을 때, 혜지의 답은 놀라웠습니다. "선생님, 전 진짜 학교가 너무 싫었어요. 해 보고 싶은 걸 못하게 해서 얼마나 답답했는지 몰라요. 전 그런 아이들도 학교를 좋아할 수 있게 만드는 교사가 되고 싶어요." 혜지와 같은 아이는 많습니다. 전혀 희망이 없어 보이던 아이들도 실제 잘 자랍니다. 지금은 비록 아닌 것 같은 여러분의 자녀도 잘 자랄 겁니다.

셋째, 멀리 갈 것 없이 부모님 자신의 과거를 떠올려 보세요. 우리 또한 이름난 말썽꾸러기는 아니었더라도 한 번쯤 반항하고 힘겹게 적응하며 컸죠. 어느덧 어른이라는 옷을 입고 사회구성원으로, 가정에서 부모로 살아가는 게 신기할 때가 있습니다. 우리가 반항할 그 당시, 우리 부모님들도

'커서 뭐가 되려고 저러나?', '밥벌이는 할 수 있을까?' 걱정하셨을 수도 있어요. 그런데 지금 잘 살고 있지요. 그러니 우리 부모님이 그러하셨듯이 우리도 아이들을 믿어 주면 아이들은 잘 클 겁니다.

결국, 부모에게 가장 필요한 것은 믿음입니다. 부모로서 나도 부족하고, 내 아이도 성장하는 중에 부족하지만, 우리는 서로 잘해 갈 거라는 믿음 말이죠. 불신과 불안을 밀어내고 믿어 줄 때 비로소 편하게 기다릴 수 있습니다. 그리고 그 기다림의 끝에 어떤 열매가 맺힐지 모르지만, 우리가 생각하고 상상했던 것보다 훨씬 멋진 열매가 맺힐 것은 확실합니다.

## 스타일쌤 MEMO _ 통제

언제 아이에게 화가 나시나요? 화가 나는 상황은 아주 다양하죠. 아침에 제시간에 안 일어날 때, 학원을 빠지고 친구랑 놀러 간 걸 알았을 때, 밤늦게까지 게임할 때, 주말에 계속 휴대폰만 하고 있을 때, 대꾸도 안 하고 짜증만 부릴 때. 아마 화나는 때를 적으려면 책 한 권을 써도 모자랄지도 몰라요. 그런데 정확하게 부모님이 아이에게 화가 나는 순간은 딱 한 가지입니다. 부모님이 아이를 통제하고 싶을 때예요. 위의 상황들을 다시 읽어 보세요. 부모님이 아이에게 바라는 정확한 행동이 있습니다. 아침에 제시간에 일어나기, 학원 수업에 참석하기, 게임이나 휴대폰도 적당히 하기, 상냥한 태도로 부모님을 대하기. 그런데 어떤가요? 아이가 부모님이 원하는 대로 하나요? 전혀 그렇지 않죠. 아이는 아이가 원하는 대로 합니다. 부모님이 원하는 대로 통제되지 않는 아이를 보면 화가 나죠.

화를 내지 않는 방법은 딱 한 가지입니다. 아이를 통제하려고 하지 마세요. 위험한 행동을 제외하고 아이가 스스로 사고하고 행동하고 책임질 수 있도록 하세요. 부모님 감정은 부모님 스스로 통제하고, 아이의 행동은 아이가 통제하는 게 바람직합니다. 아이의 행동을 부모님이 통제하려 하고, 그에 따른 부모님의 화나는 감정을 아이에게 쏟아붓는 것은 아이와의 관계를 망치는 지름길입니다. 그러니 앞으로는 아이를 통제하는 대신 아이 스스로가 자기 행동을 통제할 수 있도록 가르치세요.

# 3장
## 부모라면 S.M.I.L.E.

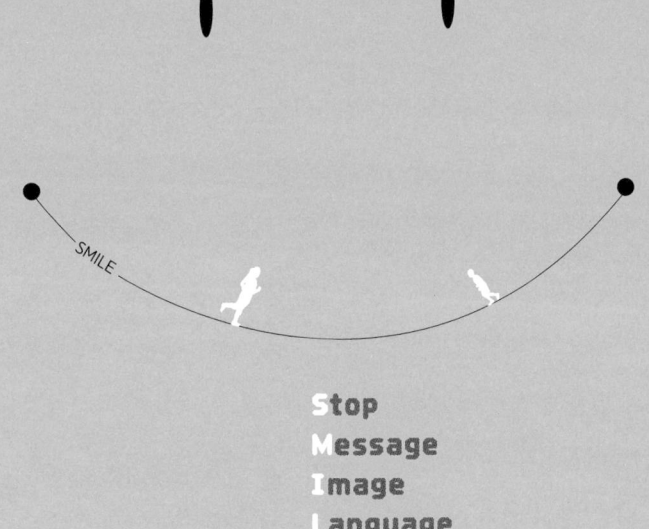

**S**top
**M**essage
**I**mage
**L**anguage
**E**xpress

## 하루 5분 부모의 의식 혁명, 스마일공식

자녀에게 왜 공부하라고 하시나요? 요즘은 돈을 많이 벌기를 희망하는 경우도 많죠. 왜 그러시나요? 모두 아이가 성인이 되어서 더 편하게 잘 살았으면 하는 마음일 거예요. 그런데 소통하는 과정에서 오해가 생깁니다. 부모는 자녀를 위한 마음으로 하는 말인데, 아이는 부모님이 자신을 이해 못하고 힘들게 만들려고 한다고 오해하죠. 자녀들도 마찬가지예요. 아이들도 공부도 잘하고, 부모님 말씀도 잘 듣고, 나중에 돈도 많이 벌고 인생을 잘 살고 싶습니다. 허나 그게 생각처럼 잘되지 않으니 힘겹고 버겁습니다. 거기에 사춘기 발달로 인해 감정 기복이 심해지고 매사에 짜증이 납니다. 그런데 이런 사춘기의 당연한 특징들이 부모님에게는 아이가 반항하는 것으로 보이죠. 그러다 보니 서로의 진심을 뒤로한채 갈등이 생깁니다. 갈등이 빨리 해소되면 다행인데, 방치해서 회복할 수 없는 지경에 이르기도 하죠. 그러므로 자녀의 사춘기 때 절대 부모와 자녀의 관계가 깨져서는 안 됩니다. 관계가 깨지면 아무런 영향력을 미칠 수 없습니다. 오히려 악영향을 미치게 됩니다. 부모가 아이의 버팀목으로, 이정표로, 물 한잔을 건네며 격려하는 동반자 역할을 하기 위해서 자녀와 관계가 좋아야 합니다. 그래야 끝까지 아이의 가능성을 믿으며 아이가 자기 자신을 찾아가는 여정을 잘 마칠 수 있도록 도와줄 수 있습니다. 자기의 기량을 뽐내며 행복한 인생을 살아갈 수 있도록 응원할 수 있습니다. 세상에서 가장 보람된 부모 역할을 끝까지 할 수 있도록 자녀와 좋은 관계를 유지하세요.

그렇다면 어떻게 자녀와 좋은 관계를 유지할 수 있을까요? 멀어졌던 자녀와의 사이를 스마일 한 관계로 변화시키는 데 우선되어야 할 것은 부모의 의식 혁명입니다. 교육환경 디자인을 공부하면서 깊이 깨달았던 부분은 자녀를 바라보는 부모의 시선이 가장 중요하다는 것입니다. 자녀를 믿는 눈빛으로 바라보는 것이 부모가 아이에게 줄 수 있는 최고의 선물입니다. 이 세상에 누군가가 나를 전폭적으로 신뢰한다는 자체가 삶을 살아가는 원동력이 되기 때문이죠. 자신을 믿지 못하고 혼란스러운 사춘기 시기에 자녀를 사랑스럽게 바라보는 부모의 미소$^{SMILE}$는 아이에게 생명과 같이 작용할 것입니다. 넘어질 때 일어날 용기를, 헷갈릴 때 가야 할 방향을, 주춤할 때 계속 갈 수 있는 응원을, 지칠 때 쉬어 갈 수 있는 여유를, 불안할 때 차분한 마음을 선물해 줄 것입니다.

스마일공식은 부모의 의식과 눈빛을 바꾸는 프로젝트입니다. 의식과 눈빛은 진짜 바꾸지 않으면 절대 꾸며서 바꾼 척할 수 없는 영역입니다. 또한 쉽게 바뀌는 영역도 아닙니다. 그렇기에 의식 혁명 과정은 힘든 도전이 될 것입니다. 자기가 옳다고 생각하는 생각들을 내려놓고, 아직 어리게만 느껴지는 아이를 존중해 주는 것은 무척 어려운 일입니다. 그러나 힘든 도전인 만큼 값진 결과가 있을 것입니다.

스마일공식을 내 것으로 만들게 되면 아이를 있는 그대로 인정하게 됩니다. 아이를 사랑스럽게 볼 수 있게 됩니다.

자연스럽게 아이와의 관계도 좋아집니다. 더 나아가 사랑하는 아이가 자아정체성을 가지고 인생의 오롯한 주인으로 살 수 있는 준비를 할 수 있도록 돕게 됩니다.

부모와 자녀 관계의 끝은 어디일까요? 영원할 것 같은 양육 기간은 자녀가 성인이 되면서 자연스럽게 서로 독립하는 것으로 끝이 납니다. 독립해도 물론 연은 이어 가지만, 그 전과는 다른 관계를 형성하게 됩니다. 부모와 자녀가 서로 독립하는 이 과정이 웃음만 가득하지는 않을 것입니다. 오히려 눈물과 아픔이 가득한 과정입니다. 품 안의 자녀가 커서 독립하는 것은 기쁘면서도 마음 한쪽이 시린 경험입니다. 아이가 내 품을 떠날 준비를 할 때 그에 따른 고통에 대해 애도할 시간이 필요할 수도 있습니다. 그런데 신기하게도 이 힘든 과정을 같이 지나고 나면 전우애가 생깁니다. 눈물 콧물을 쏟으면서 울다가 서로 바라보고 웃는 이상한 경험을 하게 될 겁니다. 마치 오랜 세월의 비바람을 견뎌 굽이진 소나무의 위상에서 웅장함과 경이로움을 느끼는 것과 같이 성장 과정에서 생긴 영광의 상처와 흉터들이 부모와 자녀가 서로를 더욱 신뢰하며 사랑할 수 있도록 만들어 줄 것입니다. 자녀가 성인이 된 후에 신뢰와 애정 있는 관계를 유지하기 위해서는 자녀가 미성년일 때부터 관계가 좋아야 합니다. 자녀를 키울 때 좋지 않던 관계를 나중에 개선하려면 너무 많은 시간과 노력이 필요합니다. 개선이 안 되기도 합니다. 그래서 멀리 봐야 합니다. 지금은 미숙하고 부족한 것 같은 아이가 얼마 후면 장성하여 독립한다는 것을 명심하세요.

저는 '부모 나이'가 있다고 생각합니다. 부모 나이는 실제 자신의 나이가 아니라 부모가 된 후부터 계산되는 나이를 말합니다. 보통 부모 나이는 큰 자녀의 나이와 같습니다. 큰 아이가 한 살이면 부모 나이도 한 살입니다. 아이가 열네 살이 되면 부모도 그만큼 나이를 먹습니다. 그런데 부모 나이가 아이의 나이와 같거나 어릴 때, 부모와 자녀 사이에 갈등이 발생할 가능성이 높습니다. 그래서 부모님이 자녀보다 한 살이라도 빨리 자라기를 추천해 드립니다.

부모와 자녀가 함께 성장하는 과정이 처절하고 좌절되며 낙담되는 순간들도 있겠지만, 지나고 나면 어느새 훌쩍 성장해 있는 자신을 발견할 것입니다. 지나고 보니 별일 아니었는데 당시는 왜 그렇게 힘들었는지 모를 정도로 부모님은 크실 겁니다. 이 짠하고 가슴을 도려내는 고통을 느끼는 과정을 잘 이겨 내며 아이보다 더 빨리 성장하기를 응원합니다.

자녀의 성장과 함께 부모 또한 자녀의 성장을 도울 수 있을 정도로 성장해야 합니다. 서로서로 성장시키는 부모-자녀 관계야말로 아름다운 관계입니다. 그리고 이렇게 커 나가며 멀리 떨어져 있던 부모와 아이가 어느덧 서로를 생각만 해도 웃을 수 있는 smile로 가까워질 것입니다.

# 사춘기 자녀와 화내지 않고 대화하는 방법

이제 본격적으로 부모님들이 성장할 시간입니다. 이 장에서는 부모님을 위한 성장 도구인 스마일공식의 상세한 방법을 알아보고 연습해 보겠습니다. 스마일공식은 성장하는 의식을 형성할 수 있는 실질적이고 구체적인 훈련법입니다. 여러분의 의식이 성장하는 의식으로 변하면 그간 보이지 않던 자녀의 장점을 볼 수 있고, 자녀에게 다정한 말을 할 수 있게 됩니다. 그 과정을 거치면서 부모와 자녀의 관계가 개선될 것입니다. 다만, 꾸준히 해야 합니다. 생각, 마음, 의식 등은 내면의 근육과 같습니다. 운동할 때는 근육이 커지다가 운동을 중단하면 근육이 다시 작아지는 것처럼, 내면의 근육도 지속해서 훈련해야 유지를 할 수 있습니다. 내적 동기가 단단해져서 누구의 도움이 없이도 성장하는 의식을 유지할 수 있게 될 때까지 반복하시는 게 좋습니다. 그러다 보면 어느 순간 편하게 서로 바라보며 웃을 수 있는 자녀와의 관계가 선물처럼 찾아올 겁니다. 그럼, 같이 성장을 시작해 보죠!

## 스마일공식

**S** 멈추고 호흡하기
감정 조절 훈련

**M** 진짜 메시지 찾기
욕구 파악 훈련

**I** 거울 보고 웃는 얼굴 연습하기
시각 의식 훈련

**L** 부정어를 긍정어로 바꾸기
언어 의식 훈련

**E** 진심을 표현하기
청각 의식 훈련

## Stop. 멈추고 호흡하기

냄비의 물이 팔팔 끓고 있다고 해 봅시다. 뜨거운 물방울이 사방으로 튀며 끓고 있는 물을 어떻게 하면 잠잠하게 만들 수 있을까요? 방법은 세 가지입니다. 불을 끄거나 냄비를 다른 곳으로 옮기거나 찬물을 부으면 됩니다.

사춘기 자녀와 생활하다 보면 부딪치는 갈등 상황이 생깁니다. 서로의 입장을 인식하고, 서로의 생각을 구분만 잘해도 갈등 상황의 상당 부분이 해결됩니다. 그러나 갈등 상황에서 감정적으로 대처한다면 갈등이 더 심해질 수 있습니다. 그래서 우선 감정을 차분하게 가라앉혀야 합니다. 보통 갈등 상황에서 느끼는 감정은 불편한 감정들입니다. 화가 나거나 실망하거나 두렵거나 짜증이 나는 불편한 감정들이 마치 끓는 물과 같이 팔팔 끓어오릅니다. 불편한 감정으로 격양되었을 때도 냄비 안에 뜨겁게 끓고 있는 물을 잠잠하게 하는 것과 같이 감정을 잠잠하게 만드는 방법을 생각해 보죠.

먼저, 가스 불을 끄는 것과 같이 불편한 감정을 일으키는 원인을 없애는 것입니다. 그러나 안타깝게도 이 방법은 자녀와의 관계에서 사용하는 것이 불가능합니다. 불편한 감정은 자녀의 특정 언어나 행동을 볼 때 생겨납니다. 그 원인이 되는 자녀의 특정 언어와 행동이 사라지면 더는 불편한 감정을 느끼지 않게 됩니다. 불을 끄듯이 나를 자극하는 아이의 말과 행동을 끄고 차단할 수 있으면 얼마나 좋을까요? 그러나 성장 중인 사춘기 아이는 부모가 요청하는 대로 자기 말과 행동을 통제하기가 어렵습니다. 그래서 자녀와의 관계에서 이 방법은 사용할 수가 없습니다.

둘째, 편안한 감정을 넣어 주는 것입니다. 편안한 감정을 넣어 주려면 마음의 공간과 여유가 있어야 합니다. 예를 들어, 물이 끓는 냄비가 거의 꽉 차 있는데 그 위에 찬물을 부으면 넘치고 맙니다. 찬물이 들어갈 공간적 여유가 있을 때만 찬물을 더 넣을 수 있습니다. 공간이 없으면 끓던 물을 어느 정도 따라 버리고 찬물을 부어야 냄비가 넘치지 않습니다. 편안한 감정을 넣어 준다는 것은 긴장 요소를 잠시 소각시키는 것입니다. 갈등 상황에서 누가 먼저 피식 웃어서 더 이상 싸움이 안 됐던 경험을 해 본 적이 있을 겁니다. 서로 피식 웃은 그것이 바로 편안한 감정을 더 하는 겁니다.

셋째, 불편한 감정이 생기는 장소에서 떠나는 것입니다. 냄비를 다른 곳으로 옮기면 끓어오르던 물이 움직임을 멈춥니다. 아직 냄비도 그 안에 담긴 물도 뜨겁습니다. 그러나 넘칠 것처럼 위로 튀던 물은 고요해집니다. 갈등이 발생한 장소에서 잠시 떠나는 것은 아주 현명한 방법입니다. 우선 감정이 끓어오르는 것을 멈추는 것이 중요합니다. 불편한 감정은 아직 그대로 있지만, 폭발할 것 같은 위기는 피할 수 있습니다.

이렇게 3가지 방법으로 갈등 상황에서 뜨겁게 끓어오르던 감정을 조절할 수 있습니다. 정리하자면 첫 번째 방법인 아이의 행동을 바꾸는 것은 불가능하므로 사용할 수가 없습니다. 두 번째 방법인 편안한 감정을 더 하는 것도 상황을 잘 판단해서 사용해야 합니다. 간혹 아이는 마음에 여유 공간이 전혀 없이 분노로 꽉 차 있는데, 부모님이 농담하며 분위기를 전환하려고 하면 오히려 아이의 화를 더 북돋을 수 있기 때문입니다. 그래서 주로 사용할 우선 '멈추는' 방법은 세 번째 갈등 상황에서 장소를 옮기는 것입니다. 아이와 대화 중에 화가 나면 "잠깐 생각해 볼 시간을 갖자."라고 한 후, 자리를 떠나세요. 불편한 감정으로 물이 계속 끓도록 놔두지 말고 우선 멈춰야 합니다. 폭발할 것 같던 감정이 평정을 찾도록 자리를 옮깁니다. 그리고 마음의 뜨거워진 온도가 낮아지도록 다음과 같이 호흡합니다.

1. 몸의 긴장을 풉니다.
2. 배가 빵빵하게 차도록 코로 숨을 깊게 들이마십니다.
3. 더는 배에 공간이 없다는 생각이 들 때, 2~3초 동안 버팁니다.
4. 힘을 빼고 입술을 살짝 벌려서 천천히 숨을 내쉽니다.
5. 이 과정을 열 번 반복합니다.

이 호흡은 복식호흡으로 운동이나 명상 등을 할 때, 사용하는 호흡법입니다. 호흡하는 동안 아직 뜨거운 불편한 감정을 천천히 밖으로 내보낸다는 상상을 하면 더 효과가 좋습니다. 실제 의도를 하고 하는 호흡은 외부의 찬 공기가 몸 안으로 유입되면서 신체 온도를 살짝 낮추는 효과가 있습니다. 또 입으로 숨을 내쉬면서 안에 더운 공기를 몸 밖으로 뺍니다. 호흡하는 동안에 고온의 감정이 진정되고 차분해지는 것을 느낄 수 있을 겁니다.

이 과정은 단순해 보이지만 실제로는 어려운 과정이기도 합니다. 멈추는 게 어렵습니다. 한마디만 더하면 속이 시원할 것 같은 생각이 듭니다. 그러나 이미 경험해 보신 분들은 아실 겁니다. 열 마디를 해도 속이 시원할 일은 없습니다. 부모는 자녀를 사랑하고 돕고 싶은 거지, 자녀를 이기고 싶은 게 아니기 때문이죠. 그러니 어렵더라도 한 번만 멈춰 보세요. 한번 성공했으면 다음번에 조금 더 쉽게 할 수 있습니다. 점점 연습하다 보면 물이 100도까지 올라가도록 방치하는 일도 없습니다. 바닥에서 기포가 생길 것 같으면 미리 멈출 수 있게 됩니다. 만약에 멈추지 못하면 위험한 일이 벌어집니다. 뜨거운 물이 사방으로 튀면 화상 위험이 있는 것처럼 불편한 감정이 용솟음치는 부모와 자녀가 서로 가까이 있으면 의도치 않게 마음의 화상을 입을 수 있습니다. 계속 물이 끓게 방치하면 물이 졸다가 냄비가 탈 수가 있고, 심한 경우 화재 위험까지 있습니다. 불편한 감정을 그대로 두면 결국 부모에게도 해가 되지만, 아이와 가정도 위험에 빠지게 할 수 있습니다. 최악의 상황을 막기 위해 반드시 멈추고 호흡하며 격양된 온도를 식히기를 바랍니다.

## 스마일 사례

하은이 아빠는 매사에 열정적이고 열심히 사는 분입니다. 직장과 지인들 사이에서 화끈하다고 통하는 하은이 아빠는 가정에선 '버럭이'라는 별명을 가지고 있습니다. 특히 하은이가 사춘기에 들어서서 말수가 줄고 부모님과 대화를 거부하는 일이 잦아지자, 하은이 아빠가 화를 내는 날도 더 많아졌습니다. 그럴수록 하은이가 아빠를 더 피하게 되어 저를 찾아오셨어요. 스마일공식을 접하신 하은이 아빠는 우선 멈추는 것을 해 보기로 하셨습니다. 첫 번째 단계인 우선 멈추는 것이 하은이 아빠에게는 가장 힘든 도전이었어요. 그날도 하은이가 아빠를 본체만체하고 지나가자, 역시나 부글 부글 화가 끓어오르는 게 느껴졌습니다. 하은이 아빠는 어려운 걸음이었지만 바로 베란다로 갔습니다. 그리고 천천히 호흡하기 시작했습니다. 세 번 정도 호흡을 할 때, 신기하게 마음이 진정되기 시작했습니다. "숨만 깊게 마시고 내쉬었는데, 정말 화가 식고 심장박동이 느려지는 게 느껴졌어요. 경이로운 경험이었어요."

실패하는 날도 있었지만, 하은이 아빠는 꾸준히 '멈추고 호흡하기'를 했습니다. '멈추는 날'이 많아질수록 하은이가 아빠와 대화하는 시간이 길어졌습니다.

멈추기와 호흡하기는 시도하기가 어렵지만, 막상 시도해 보면 바로 효과를 느낄 수 있습니다. 처음엔 자리를 옮겨야 하지만 훈련이 되면 자리를 옮기지 않고도 감정을 조절하는 것이 가능해집니다. 그리고 감정을 조절하는 부모님을 보면서 자녀들도 감정을 조절하는 법을 터득하게 됩니다.

**스마일 사례**

친하게 지내던 친구들과 떨어져 혼자 다른 중학교에 배정

받은 서연이는 학기 초에 걱정했던 것과 다르게 친한 친구들을 사귀었습니다. 문제는 여름방학 때였어요. 학원으로부터 서연이가 결석했다는 연락을 받고 서연이 엄마는 화가 많이 났습니다. 전화해도 받지 않는 서연이가 걱정되기도 했고요. 그날 저녁, 집에 돌아온 서연이와 서연이 엄마 사이에서 언성이 높아지는 대화가 오고 갔어요. 알고 보니 새로 사귄 친구들이 요즘 말로 아이돌 덕후였어요. 그날은 그 친구들이 좋아하는 아이돌 멤버 중 한 명의 생일파티가 열리는 날이었대요. 서연이 엄마는 학원까지 빠지고 친구들을 따라 먼 곳까지 다녀온 서연이에게 화가 났어요. 딸이 친구들에게 나쁜 영향을 받았다고 생각해서 불안하기도 했고요. 그런데 그날부터 서연이 엄마의 화를 돋우는 일은 더 많아졌어요. 휴대폰 사용 시간도 눈에 띄게 늘고, 무선 이어폰을 끼고 생활하는 시간도 늘었어요. 그만하라는 엄마의 말에 서연이는 짜증으로 반응했고요. 그러다가 학원에서 또 연락이 왔어요.

서연이 엄마가 저에게 상담을 요청하셨을 때는 전학까지 심각하게 고려하는 중이었어요. 이 모든 일의 발단이 중학교에서 새로 만난 친구들 때문이라고 생각하셨거든요. 상담을 진행하며 스마일공식을 연습했습니다. 이미 엄마도 서연이도 감정적으로 상처를 받은 상황이어서 다른 해결책보다는 대화가 가능하도록 관계를 개선하는 것이 급선무였어요. 서연이 엄마는 화가 날 때마다 호흡을 가다듬으며 마음을 편하게 하려고 노력했습니다. 그리고 나머지 공식을 적용하며 서연이의 사춘기 증상과 시기상 맞물려서 새 친구들을 나쁘게만 생각했다는 것을 깨달았습니다. 지속해서 스마일공식을 연습하고 적용하면서 서연이를 이해하기 위한 노력을 많이 했어요. 만약 서연이의 친구들이 없었다면 낯선 중학교 생활이 얼마나 힘들지 생각해 보고 오히려 서연이를 외롭지 않게 해 주는 친구들에게 고마운 마음마저 가질 수 있게 되었어요. 아이돌 노래를 같이 듣고, 포토 카드를 모으라고 따로 용돈을 챙겨 주기도 할 정도로요. 그러자 서연이는 더는 거짓말도 하지 않고 학원도 빠지지 않았습니다. 물론 그 후로 다른 문제들이 계속 생겨나고 있지만, 스마일공식을 꾸준히 연습한 서연이 엄마는 여유 있게 대처하고 있습니다.

## Message. 진짜 메시지 찾기

어르신들이 명절 전에 자녀들에게 "바쁜데 이번 명절에 오지 마라. 안 와도 괜찮다." 말씀하실 때가 있습니다. 정말 어르신들은 자녀들이 안 오기를 바라실까요? 아닙니다. 그 말씀 안에 있는 진짜 메시지는 "바쁜 거 알지만, 오면 좋겠다. 보고 싶다."일 것입니다. 아이들도 마찬가지죠. 엄마와 갈등이 있을 때, '엄마 싫어! 엄마 미워!'라고 일기장에 가득 써 놓지만, 진짜 메시지는 "나는 엄마가 너무 좋은데, 내 마음을 알아주지 않아서 속상하고 서운하다."일 겁니다. 이처럼 사람은 진짜 메시지는 꼭꼭 숨겨 두고 다른 표현을 할 때가 있습니다. 왜 그런지, 진짜 메시지는 어떻게 찾는지 알아보도록 하죠.

## 상황을 유심히 관찰하라

일상생활 중에 아이의 행동이나 말로 인해 화가 나거나 거슬린다는 생각이 들 때가 있을 겁니다. 그런 상황이 포착되면 종이에 아이에 대해 관찰한 상황을 그대로 적어 봅니다. 적을 때는 '왜'를 제외한 육하원칙에 따라 자세하게 적습니다. '왜'인지는 아이 본인만 알 수 있으므로 관찰에서는 제외합니다.

지금은 00월 00일 토요일 오후 1시 32분이다.
언제
오전 내내 인기척이 없어서 기다리다가 아이 방문을 열어 보았다.
침대에 누워서 아이가 깊은 잠을 자고 있다.
어디서　　　누가　　　어떻게　　　무엇을

이제 관찰한 상황을 보고 여러분께서 어떤 생각이 들고 감정이 드는지 적어 봅니다. 최대한 솔직하게 적어 보세요.

아이가 또 밤새 게임을 한 것 같다. 해가 중천에 뜰 때까지 일어나지 않다니 시간이 귀한 걸 모르는 내 아이가 한심스럽다. 깨울까 잠시 생각하다가 2주 전에 같은 일로 깨웠다가 아이와 큰 소리로 다퉜던 게 생각나서 그만두고 나왔다. 어떻게 해야 할지 모르겠다. 어떻게 해야 밤에 게임을 안 하고 주말에도 아침에 기상해서 일상적인 생활을 할 수 있을까? 계속 저럴까 봐 너무 걱정된다. 습관이 들어 못 바꿀까 봐 염려스럽다.

### 사실과 추측을 구분하라

부모님의 생각과 느낌을 적은 글에서 사실과 추측을 구분하여 다른 색으로 표시하거나 직선이나 물결 등을 이용하여 각각 밑줄을 그어 보세요. 사실에 해당하는 것은 있었던 일이나 여러분이 느끼는 감정입니다. 추측은 사실 외의 모든 것으로 확인되지 않았으나 미래에 일어날지도 모르는 가능성이 있는 일들을 포함합니다.

아이가 또 밤새 게임을 한 것 같다. 해가 중천에 뜰 때까
　　　　추측　　　　　　　　　사실

지 일어나지 않다니 시간이 귀한 걸 모르는 내 아이가 한
　　　추측　　　　　　　　　　추측

심스럽다. 깨울까 잠시 생각하다가 2주 전에 같은 일로 깨
　　　　　　　　　　　　　　　　　사실

웠다가 아이와 큰 소리로 다퉜던 게 생각나서 그만두고
　　　　　　　사실

나왔다. 어떻게 해야 할지 모르겠다. 어떻게 해야 밤에 게
　　　　　사실

임을 안 하고 주말에도 아침에 기상해서 일상적인 생활
을 할 수 있을까? 계속 저럴까 봐 너무 걱정된다. 습관이
　　　　　　　　추측　　　　　사실

들어 못 바꿀까 봐 염려스럽다.
　　　추측　　　　사실


사실과 추측을 구분하여 밑줄을 그었으면, 이제 적어 놓은 관찰한 상황과 추측, 사실을 다시 정리해서 적어 보세요.

그리고 상황, 추측, 사실을 서로 비교해 보세요. 얼마나 연관성이 있는지 확인하는 게 목적입니다. 인과관계가 있는지 스스로 질문하고 답해 보는 겁니다.

> 상황: 아이가 토요일 오후까지 침대에서 깊은 잠을 자고 있다.
>
> 추측: 밤새 게임을 한 것 같다.
> 시간이 귀한 걸 모른다.
> 아이는 한심스럽다.
> 계속 저럴 것이다.
> 습관이 들어 못 바꿀 것이다.
>
> 사실: 아이가 해가 중천에 뜰 때까지 일어나지 않았다.
> 2주 전에 자는 아이를 깨웠다. 큰 소리로 다퉜다.
> 어떻게 해야 할지 모르겠다.
> 너무 걱정되고 염려스럽다.

추측에 대한 질문을 먼저 해 보도록 하죠. 아이가 정말 밤새 게임을 한 게 맞나요? 그랬을 수도 있고, 안 그랬을 수도 있습니다. 아이가 늦잠을 자기 때문에 정말 시간이 귀한 걸 모르는 게 사실인가요? 아이는 정말 한심스러운가요? 많은 사람이 아이가 한심하다고 동의할까요? 아이는 정말 계속 늦잠을 잘 건가요? 2주 전에는 늦잠을 잤지만, 지난주 토요일은 어땠나요? 3주 전 토요일에도 늦잠을 잤나요? 아이는 정말 늦잠 자는 습관이 들어 그 습관을 못 바꿀까요? 추측과 관찰한 상황을 연결해 보면 대부분의 대답은 '그럴 수도 있고, 안 그럴 수도 있다.'입니다. 한마디로 모른다는 말입니다.

그럼, 이제 사실과 관찰한 상황을 비교해 보도록 하죠. 아이가 늦잠을 잔 것도, 2주 전에 같은 일로 깨웠다가 큰 소리로 다툰 것도 사실입니다. 이것은 의심의 여지가 없는 사실입니다. 어떻게 해야 할지 모르는 것도, 걱정되고 염려스러운 것도 부모의 솔직한 심정이므로 사실입니다. 그런데, 이 생각들은 '정확하게 모르는' 추측에 대한 솔직한 심정입니다. 그럴 수도 있고, 아닐 수도 있는 일에 대해 미리 걱정하고 염려하는 것이지요. 걱정과 염려는 추측이 사실이 되었을 때 해도 됩니다. 미리 가져다가 걱정하실 필요가 없습니다. 관찰한 상황, 추측, 사실의 인과관계를 따져 보면서 사실과 추측을 정확하게 구분하고, 사실에만 근거해서 현재 할 수 있는 최선을 선택하는 게 좋습니다.

이때, 사실에 근거한 최선은 무엇일까요? 2주 전에 있었던 일의 사실을 근거로 삼아 우선 아이가 일어날 때까지 기다리는 게 좋습니다. 그리고 아이가 일어났을 때, '왜' 늦잠을 잤는지 물어보면 됩니다. 게임을 하다가 늦게 잤다고 대답하면 부모로서 걱정되고 염려되는 부분을 말하면 되고, 게임이 아니라 다른 일로 늦게 잤으면 그에 대한 부모님의 생각을 아이에게 알려 주면 됩니다.

## 사실 뒤에 숨은 부모 욕구를 파악하라

사실과 추측을 구분하면서 부모님은 자신이 진짜 원하는 게 무엇인지 숨은 욕구를 찾을 수 있을 겁니다. 처음부터 욕구를 찾기는 어렵습니다. 왜냐하면, 먼저 욕구를 너무 깊이 숨겨 놓아서 본인도 자신이 무엇을 원하는지 잘 몰라서 그렇습니다. 그럴 때는 나를 불안하게 만드는 요소를 따라가다 보면 욕구를 찾을 수 있습니다. 욕구가 채워지지 않을 때 사람은 불안해지기 때문이지요. 둘째는 무엇인가 원하는 것 같기는 한데, 무슨 욕구인지 명명하기가 쉽지 않은 경우입니다. 욕구의 종류와 이름에 대해 잘 몰라서 그렇습니다. 매슬

로우Maslow의 5단계 욕구를 기초로 세분화한 욕구 목록을 참고해서 부모님 자신의 진짜 메시지가 무엇인지 파악해 보세요. 욕구 이름을 보며 연습하다 보면 어느새 비슷한 상황에

**자율성**
자신의 꿈, 목표, 가치를 선택할 수 있는 자유
자신의 꿈, 목표, 가치를 이루기 위한 방법을 선택할 수 있는 자유

**신체적·생존**
공기, 음식, 물, 주거, 휴식, 수면, 안전, 신체적 접촉(스킨십), 성적 표현, 따뜻함, 부드러움, 편안함, 보살핌받음, 보호받음, 애착 형성, 자유로운 움직임, 운동

**사회적·정서적·상호의존**
주는 것, 봉사, 친밀한 관계, 유대, 소통, 연결, 배려, 존중, 상호성, 공감, 이해, 수용, 지지, 협력, 도움, 감사, 인정, 승인, 사랑, 애정, 관심, 호감, 우정, 가까움, 나눔, 소속감, 공동체, 안도, 위안, 신뢰, 확신, 예측 가능성, 정서적 안정, 자기 보호, 일관성, 안정성, 정직, 진실

**놀이·재미**
즐거움, 재미, 유머, 흥분

**삶의 의미**
기여, 능력, 도전, 명료함, 발견, 보람, 의미, 인생 예찬(축하, 애도), 기념, 깨달음, 자극, 주관을 가짐(자신만의 견해나 사상), 중요성, 참여, 회복, 효용, 희망

**진실성**
진실, 진실성, 존재감, 일치, 개성, 자기 존중, 비전, 꿈

**아름다움·평화**
아름다움, 평탄함, 홀가분함, 여유, 평등, 조화, 질서, 평화, 영적 교감, 영성

**자기 구현**
성취, 배움, 생산, 성장, 창조성, 치유, 숙달, 전문성, 목표, 가르침, 자각, 자기 표현

매슬로우의 5단계 욕구를 바탕으로 한 욕구 목록 정리

서 본인이 원하는 욕구가 반복해서 나타나는 것도 발견할 수 있을 거예요.

위의 상황에서 부모님은 아이가 늦잠을 자는 상황이 반복되어서 생활패턴이 무너질까 봐 불안해하고 있습니다. 또 밤에 게임을 너무 오래 하고 공부를 하지 않아서 성적이 떨어질까 봐 걱정하는 마음도 있습니다. 그래서 부모님은 아이가 스스로 규칙적으로 생활하는 모습을 보면서 '안도'하고 싶은 욕구가 있을 수 있습니다. 아이가 너무 늦은 밤까지 게임을 하지 않을 거라는 '신뢰'도 갖고 싶을 수 있습니다. 결국, 우리 아이는 잘하고 있다는 '확신'이 필요한 게 부모님의 욕구일 것입니다. 이런 이유로, 예에서 등장한 부모님의 숨은 욕구는 '안도, 신뢰, 확신'으로 생각할 수 있습니다. 욕구 목록을 보면서 지금 얻고 싶은 게 무엇인지 나 자신의 욕구에 집중하면 숨은 욕구를 찾는 것이 수월해집니다.

### 사실 뒤에 숨은 자녀 욕구를 파악하라

자녀의 욕구는 자녀에게 물어보는 것이 가장 정확합니다.

부모가 우리 아이는 이런 욕구가 있지 않을까 예상했는데, 실상은 전혀 다른 경우들이 많습니다. 그러므로 자녀에게 직접 물어보세요. 위의 욕구 목록을 똑같이 이용하면 됩니다. 비폭력 대화 센터(https://www.krnvc.org/)에서는 욕구 이름을 카드로 만들어서 아이에게 카드를 선택하게 하기도 합니다. 자주 사용할 거면 욕구 이름을 카드마다 적은 후, 아이가 욕구를 찾을 때 카드를 펼쳐놓고 그중에서 자기 욕구가 적힌 카드를 뽑게 하는 것도 좋은 방법입니다.

아이가 늦잠에서 일어나면 '왜' 이렇게 늦게까지 잤는지 사실을 먼저 확인하세요. 이때, 화를 내거나 강압적인 태도는 금물입니다. 오히려 아이와 대화를 단절시키는 태도이니 주의해야 합니다. 정말 궁금하고 염려하는 마음을 담백하게 표현하면 됩니다. "왜 이렇게 늦게까지 잤어? 너무 오래 자서 걱정했어." 그럼, 아이가 대답할 겁니다. 그 대답을 믿어 주세요. 그리고 "주말에 생활패턴이 망가지는 것 같아서 걱정이 많이 된다."라고 말씀하시며 부모님의 생각을 알려 주세요. 욕구 목록을 보여 주면서 "이중에 네가 주말에 필요한 게 뭐야? 알고 있으면 내가 걱정을 덜 할 거 같아."라고 물어보면 됩니다. 밤에 게임을 한 경우라면 '재미'나 친구들과 '연결'의 욕구가 있었을 수 있습니다. 밤에 별다른 일 없이 늦잠을 잤다면, 아마도 아이는 주중에 밀린 잠을 보충할 '수면' 욕구가 있지 않았을까요?

서로의 욕구를 파악했으면 인정해 주고 자녀의 욕구와 부모의 욕구를 서로 채울 방법을 찾아보는 게 좋습니다. "나는 네가 오후까지 잠을 자면 너무 불안하고 힘들어. 너는 잠을 푹 자고 싶고, 어떻게 하면 좋지? 혹시 늦어도 정오까지는 일어나서 점심 식사는 같이할 수 있을까? 대신 주말 점심은 네가 먹고 싶은 음식을 같이 먹자."라고 제안할 수 있습니다. 자녀가 제안하거나 더 요청하면 그에 맞춰 조율하면 됩니다. 한 사람의 욕구만 강조하는 것이 아니라 서로 양보하고 배려한다는 마음으로 조율하는 게 중요합니다.

상황을 관찰하고, 추측과 사실을 구분하는 것은 적으면서 연습하는 게 필요합니다. 그러나 익숙해지면 적지 않고도 더 쉽고 빠르게 구분하는 게 가능해집니다. 상황, 추측, 사실을 구분하는 것은 부모와 자녀의 욕구를 정확하게 파악하기 위해 불순물을 제거하는 과정입니다. 불필요한 부분을 걷어 내고 나면 보물처럼 반짝이는 욕구를 발견할 수 있을 겁니다.

## 스마일 사례

지우 엄마가 저를 찾아오신 첫날, 다급하고 걱정이 가득하던 지우 엄마의 얼굴이 기억납니다. 지우는 성적도 좋고 성격도 다정한 자랑스러운 아들이었어요. 그러던 아들이 고등학교 2학년에 올라가면서 유독 외모에 신경을 쓰기 시작했어요. 씻는 데 시간이 한참 걸리고, 옷과 신발을 사 달라고 요청하는 일도 많아졌어요. 공부에 더욱 신경을 써야 하는 시기에 찾아온 지우의 변화가 엄마는 탐탁지 않았죠. 지우 엄마가 조심스럽게 지우에게 "아들, 요즘 왜 이렇게 멋을 부려?"하고 묻자, 지우는 "그냥."이라고 넘겼어요. 그러다가 동네에서 가까이 지내는 언니로부터 전화를 받고 지우가 멋 부리는 이유를 알게 되었어요. 지우에게 여자 친구가 생겼던 거예요.

지우 엄마는 너무 걱정돼서 저를 찾아오셨습니다. 상담하면서 지우 엄마가 아직 지우와 이 문제를 이야기해 보지 않은 것을 알게 되었어요. 왜 그러신지 여쭤보니 아들이 갑자기 변할까 봐 차마 물어보실 수가 없었다고 하셨어요. 지우 엄마가 이렇게 겁을 먹은 이유는 다름 아닌 남편 때문이었어요. 좋은 쪽으로요. 연애하고 결혼하면서 남편이 지우 엄마를 보호하기 위해 시어머니와 등을 졌을 때가 생각나셨대요. 그땐 자기를 위해 주는 남편이 참 고마웠는데, 이제 입장이 바뀌어서 지우가 여자 친구가 생겼다니 갑자기 몇 년을 힘들어하던 시어머니 생각이 나시더래요. '이제 나도 과거 시어머니처럼 되겠구나.' 싶어 너무 무섭다고 하시더라고요.

  지우 엄마는 스마일공식의 메시지 솔루션을 적용하면서 진짜 욕구가 무엇인지 찾는 시간을 가졌습니다. 자신의 욕구가 무엇인지 알고 나니 지레 겁을 먹었던 추측들이 사라지고 마음이 한결 가벼워졌다고 하셨어요. 그제야 지우와 진실한 대화가 가능했습니다. 지우 엄마의 사례는 관계가 깨지기 전에 미리 상담이 진행되어 수월하게 진행된 경우예요. 지우와의 대화 후에 여자 친구를 만나 인사하는 과정에서도 지우 엄마는 스마일공식을 적용하여 아들과 관계를 잘 유지하고 있습니다.

# Image. 거울 보고 웃는 얼굴 연습하기

앨버트 머레이비언Alvert Mehrabian 교수는 자신의 이름을 딴 법칙을 통해 대화할 때 언어 전달 수단이 요소마다 얼마나

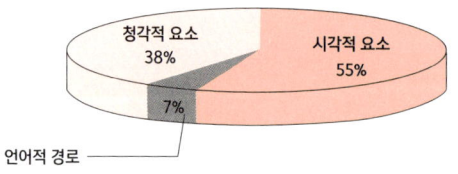

머레이비언의 법칙[7]

7 출처: 『Silent Message』, Albert Mehrabian, 1971

상대방에게 영향을 미치는지 수치화했습니다. 놀랍게도 언어적 요소는 불과 7%밖에 되지 않았고, 청각적 요소와 시각적 요소가 각각 38%와 55%를 차지하였습니다. 언어적 요소는 언어 자체이고, 청각적 요소는 말의 내용을 전달할 때 사용되는 소리와 관련된 어조, 말의 빠르기, 목소리의 크기, 음색 등을 의미합니다. 시각적 요소는 대화 중에 보이는 표정, 자세, 몸짓, 상대방과 거리, 신체 접촉 등을 포함합니다. 가장 비중이 높은 시각적 요소가 실상 가장 놓치기 쉬운 언어 전달 수단이라는 이야기입니다. 특히 사람은 자기 자신을 본인의 눈으로 볼 수가 없습니다. 그래서 대화할 때, 자기가 어떤 표정을 짓고 어떤 몸짓과 자세를 취하는지 잘 모릅니다. 스마일공식의 세 번째인 '거울 보고 웃는 얼굴 연습하기'는 시각적 요소를 부드럽고 밝게 하여 사춘기 자녀와 대화할 때 부모님의 진짜 메시지가 잘 전달되게 하는 것입니다.

평소 사춘기 자녀와 가깝게 지내시나요? 자녀를 만날 때마다 저절로 웃음이 나오시나요? 자녀와 더 많은 시간을 보내고 싶으신가요? 자녀와 함께하는 시간이 즐겁고 기다려지시나요? 이 질문들의 대답 중 '아니오'가 있으면, 자녀와 대화하면서 자기도 모르게 딱딱하거나 불만이 있는 듯한 시각적 표현을 하고 있을 가능성이 높습니다. 그러면 부드럽고 수용적인 시각적 표현은 어떻게 잘할 수 있을까요? 시각적 요소 중에서도 가장 강력한 요소는 표정입니다. 표정을 부드럽게 하고 미소를 띠면 긍정적인 시각적 표현을 잘할 수 있게 됩니다. '웃는 얼굴에 침 못 뱉는다.'라는 속담처럼 웃으며 대화하면 사춘기 자녀도 처음엔 어색해할 수 있겠지만, 방어적이거나 공격적인 태도가 점차 줄어들게 됩니다.

그럼, 웃는 연습을 해 볼까요? 웃는 연습은 거울을 보면서 하면 좋습니다. 손 닦을 때, 양치나 세안할 때, 거울을 볼 일이 있을 때마다 거울을 보며 웃어 보세요. 웃는 모습이 어색할 수도 있고, 거울을 보고 혼자 웃는 연습을 하는 게 민망할 수도 있습니다. 그래도 눈과 입꼬리를 최대한 사용해서 웃는 연습을 계속하면 자연스러워질 겁니다. 거울 앞에 섰으면 다음과 같은 순서로 입과 입술 근육을 먼저 풀어 주고 미소 짓는 연습을 해 보세요.

- 입안 가득 바람을 불어 넣어서 볼을 빵빵하게 만들고 바람을 입안 구석구석으로 옮기기를 5회 반복합니다.
- 입을 크게 벌렸다 다물기를 5회 반복합니다.

- 입술을 오므려서 앞으로 쭉 내밀고, 입꼬리를 옆으로 늘리기를 5회 반복합니다.
- 입꼬리를 살짝 들어 올려서 편안한 미소를 지어 봅니다.
- 입꼬리를 최대한 올리고 멈춘 상태에서 10초 동안 유지하는 것을 5회 반복합니다.

웃는 연습을 했으면 거울을 보고 자녀에게 하고 싶은 말을 해 보세요. 그냥 미소를 짓기는 쉬우나 말하면서 미소를 유지하기는 어렵습니다. 자주 하는 말이나 해 보고 싶은 말을 하면서 표정이 어떻게 변하는지, 미소를 유지하면서 말을 하려면 어떻게 해야 하는지 방법을 찾으며 연습합니다. "좋은 아침, 잘 잤어?", "오늘 하루 어땠어?" 등 간단하지만 일상에서 반복적으로 하는 말을 하며 표정을 연습하십시오.

'이렇게까지 해야 하나?'라는 생각이 드실 수도 있습니다. 거울을 보고 혼자 웃는 연습을 하고 말하는 연습을 하다 문득 '지금 내가 뭐 하는 거지?'라는 자괴감이 들 수도 있습니다. 그러나 이렇게까지 하지 않으면 실제 내 표정을 바꾸는 것은 거의 불가능합니다. 머릿속에서 여러 번 시뮬레이션해도 실제 상황에서 해 보려고 하면 잘되지 않습니다. 의도를 가지고 연습해야 작은 변화라도 시작할 수 있습니다.

　웃는 연습을 하면 상대에게 어떤 메시지를 전하든 오해 없이 전할 수 있는 장점이 있습니다. 언어적 요소는 그렇지 않은데, 시각적 요소가 공격적이거나 방어적이면 어떤 이야기도 효과적으로 전달하기가 어렵습니다. 그리고 웃는 연습의 가장 큰 장점은 웃는 연습을 하다 보면 자기도 모르게 기분이 좋아지고 더 많이 웃게 된다는 것입니다. 미국의 심리학자 실반 톰킨스Silvan Tomkins는 안면 피드백 이론을 통해 표정으로 감정을 조절할 수 있다고 밝혔습니다. 웃는 표정을 지을 때, 입꼬리가 올라가면 근육이 신경들을 자극하고, 뇌는 기분이 좋다고 판단합니다. 그래서 기분 좋은 일이 없는데도 미소를 지은 것만으로도 기분이 좋아질 수 있습니다.[8]

　반대로 인상을 쓰거나 입꼬리를 아래로 내리고 있으면 뇌는 우울하거나 화가 났다고 판단합니다. 실제 그렇지 않은데 표정이 사람의 감정을 그렇게 만들어 버립니다. 자녀를 바라볼 때, 무표정을 하거나 얼굴을 찡그리면 대화하는 도중에 급속도로 불편한 감정이 생길 수 있습니다. 자녀의 행동이나 말이 원인이 될 수도 있지만, 부모 자신의 표정이 뇌를 자극

---

[8] 출처 : 『마음의 법칙』, 폴커 키츠, 마누엘 투쉬 저, 김희상 역, 포레스트북스, 2022년 2월 10일

하고, 뇌가 부모의 기분을 나쁘게 만들었을 수도 있습니다.

웃는 연습을 하면서 자녀와 대화할 때, 서로의 관계가 회복되기를 바랍니다. 점차 웃는 연습을 하지 않아도 아이를 볼 때, 부모님의 얼굴에 웃음이 만연하기를 바랍니다. 아이를 생각만 해도 웃음이 나오면 좋겠습니다.

### 스마일 사례

윤서 엄마가 윤서와 부딪치기 시작한 것은 중학교 3학년 1학기 중간고사 성적이 예상보다 저조하게 나온 후였습니다. 사실 그전에는 윤서 엄마가 꾹 참고 있었어요. 윤서가 마음 잡고 공부해 보겠다고 하여 온갖 짜증을 내는 것을 다 받아 주었어요. 그런데 막상 시험 결과가 좋지 않으니 윤서 엄마가 폭발했습니다. 그럴수록 윤서의 짜증도 심해졌어요. 서로 상처 주는 심한 말이 오고 갔고요. 윤서 엄마는 "이 정도 하려고 그렇게 유세를 부렸냐?"라는 둥, "성적이라도 잘 나왔으면 내가 말을 안 한다."라는 둥 화가 나서 해서는 안 되는 말을 쏟아냈어요. 윤서도 가만히 있을 수 없었겠죠? "엄마가 해 준 게 뭐가 있다고 이러냐?"부터 "엄마가 이러니까 내가 공부에 집중할 수 없다."까지 할퀴는 말을 뱉었습니다. 서로 소리를 지르다가 며칠 냉전 상태로 있다가를 반복하다 윤서가 공부 포기 선언을 했어요. 윤서 엄마가 덜컥 놀라서 상담을 시작했어요. 윤서 엄마도 사실은 윤서를 도와주고 싶었지, 이렇게 하려고 한 게 아니었으니까요. 상담을 시작할 때 이미 윤서와 윤서 엄마의 관계가 너무 안 좋은 상태여서 첫 번째 솔루션으로 웃는 연습을 제안했어요. 그런데 문제는 상담 때는 해 보겠다고 했지만, 막상 윤서를 보면 자꾸 인상이 써지고 입꼬리가 내려가는 거였어요. 윤서 엄마에게 화난 상대를 보며 웃기는 어려운 일이라며 그 어려운 일을 하기 위해는 많은 연습이 필요하다고 격려했어요. 윤서 엄마는 딸에게 사과하는 마음으로 거울을 보며 웃는 연습을 했습니다. 윤서를 보고 활짝은 아니어도 적어도 인상을 쓰지 않게 될 때까지요. 그러면서 윤서가 왜 성적이 높기를 원하는지, 윤서가 성인이 되었을 때 성적이 얼마나 영향을 미칠지 등에 대해 윤서 엄마의 의식을 바꾸는 상담을 진행했습니다.

 스마일공식을 적용하면서 3개월 정도의 짧은 시간에 윤서 엄마가 많이 변했습니다. 표정은 물론이고, 생각과 말씀하는 내용과 전달 방법도 부드러워졌습니다. 그러나 윤서는 크게 변한 것이 없었어요. 물론 전보다 짜증이 좀 줄기는 했지만, 눈에 띄는 변화는 관찰되지 않았어요. 그때가 윤서 엄마에게는 고비였습니다. 상담할 때마다 스마일공식이 필요한 이유를 되새겼어요. 관계를 개선하는 것은 관계가 망가지는 것보다 더 많은 시간과 노력이 필요하니까요. 몇 개월이 더 지나고서야 윤서의 변화가 보이기 시작했어요. 윤서는 학업에 대한 열망이 강한 아이예요. 그런데 생각처럼 성적이 오르지 않아 스트레스를 많이 받았죠. 윤서의 경우는 4장에 소개할 파워공식을 적용하면서 엄마를 대하는 태도가 좋아졌어요. 결국 자신의 욕구가 채워질 때 감정 통제가 쉬워지기 때문에 고등학교에 진학한 윤서는 학업을 열심히 하게 되었고, 엄마는 웃음이 더 많아지셨습니다.

# Language. 부정어를 긍정어로 바꾸기

머레이비언의 법칙 중에 언어적 요소인 말을 어떻게 긍정어로 바꿀지를 연습하는 과정입니다. 이 단계는 평소에 부모님이 인지하지 못하고 사용하던 부정어를 긍정어로 바꾸는 것이 목적입니다. 긍정의 언어로 변환하는 언어적 요소는 세 가지로 나누었습니다. 첫 번째, 자녀의 성격이나 행동, 모습 등을 묘사하는 일상 단어를 부정어에서 긍정어로 바꿀 것입니다. 두 번째, 제안하는 동사를 긍정 동사로 바꿀 것입니다. 세 번째, 아이에게 하고 싶은 말을 부탁과 감사의 말로 바꿀 것입니다.

첫째로 아이의 성격이나 행동, 모습 등을 보면서 어떤 말이 떠오르는지 생각해 보세요. 아이의 성격이나 행동, 모습은 동전의 양면과 같습니다. 같은 성격도 사람마다 다른 식으로 표현할 수 있습니다. 부모가 어떻게 생각하느냐에 따라 부정적으로 표현하기도 하고, 긍정적으로 표현하기도 합니다. 예를 들어, 어떤 부모님이 차분한 성향을 좋아한다고 해 봅시다. 그런데 이 부모님의 아이는 호기심이 많고 신체활동을 활발하게 하는 아이입니다. 그럼, 부모님은 아이를 '산만하다'라고 표현할 것입니다. 부모가 바라던 차분한 모습을 보이지 않으면 자연스럽게 마음에 들지 않게 됩니다. 그러나 똑같은 아이를 활동을 많이 하는 것을 선호하는 부모님이 봤다면 뭐라고 할까요? 아마 '아이가 활달하고 건강하네.'라고 생각할 겁니다. 보는 사람에 따라 평가가 다를 수 있습니다. 엄밀히 말하면 보는 사람이 어떤 의식을 가지고 있냐에 따라 평가가 달라집니다. 평가는 아이의 자아존중감과 자아정체성 형성에 영향을 미칩니다. 단순한 평가 같지만, 아이를 '산만하다'라고 생각하는 순간, 부모는 아이가 '산만한' 행동을 보일 때마다 불편한 태도를 보일 것이고, 그런 분위기를 인식한 아이는 부모의 눈치를 살피거나 자기의 성향을 싫어하며 자랄 수 있습니다. 부모님의 태도를 신경 쓰지 않고 자기 마음대로 하는 아이더라도 계속되는 부모님의 비판을 피할 수는 없습니다. 마치 나를 마땅치 않게 여기는 직장 상사 아래서 일하는 느낌과 비슷할 겁니다. 아이의 마음은 자기를 부정적으로 바라보는 부모님의 눈빛 때문에 어렵습니다.

심리학에서 '점화 효과'란 어떤 도식을 쉽게 활성화할 수 있도록 만드는 과정을 의미합니다.[9]

자주 접하는 상황이나 물건, 사건 등에 이미 정해 놓은 각본을 만들어 놓고 자동 연결이 되도록 도와서 뇌의 할 일을 덜어 주는 것이지요. '생각의 자동화' 정도로 생각하면 됩니다. 점화로 인해서 사람들은 새로운 정보도 기존에 형성된 도식으로 해석하곤 합니다. 예를 들어, 칼 그림을 보여 주고 무엇이 떠오르냐고 묻는다면 대답이 다 다를 것입니다. 조금 전까지 요리하던 사람은 칼 그림을 보고, 요리하는 도구라고 말할 것이고, 범죄 영화를 시청하던 사람은 살인 도구나 흉기라고 대답할 것입니다.

부정어를 긍정어로 바꾸는 것은 점화 효과를 이용하는 심리 기술입니다. 부모님이 긍정적인 의미가 있는 단어를 되

---

[9] 출처: 『마음의 법칙』, 폴커 키츠, 마누엘 투쉬 저, 김희상 역, 포레스트북스, 2022.02.10

뇌고 자녀를 보면, 자녀의 모습에서 방금 생각하던 단어를 찾으려고 하는 겁니다. 한 실험에서 게임을 하기 전에 참가자들에게 '배려', '공정함' 같은 단어를 보여 주어 점화시키면 실제 게임을 하면서 협력하는 태도를 자주 보였습니다. 자녀를 보며 마음에 안 들고 자꾸 부정적으로 표현하게 된다면 184쪽 표의 긍정어를 최대한 많이 읽으십시오. 긍정어로 점화되면 자녀가 가진 장점을 좋게 바라볼 수 있게 될 것입니다.

184쪽 표의 단어 중에서 자녀를 생각하면 자주 떠올랐던 단어와 가장 비슷한 것을 먼저 찾아보세요. 만약 그 단어가 긍정어라면 아이를 좋게 바라보며 평가하고 있을 확률이 높습니다. 계속 아이의 성격과 행동을 긍정어로 생각하면 됩니다. 하지만 만약 그 단어가 부정어라면 아이를 나쁘게 바라보고 있을 가능성이 큽니다. 선택한 부정어 대신 옆에 있는 긍정어를 넣어 아이를 설명해 보세요. 예를 들어, 평소에 아이가 고집이 세다고 생각했으면, "OO이는 자기 신념이 강한 아이다."라고 해 보는 겁니다. 그리고 아이가 고집에 세다는 생각이 드는 행동을 하거나 말을 할 때마다 마음속으로 "우리 아이는 자기 신념이 곧고 강하구나."라고 생각해 보세

| 부정어 | 긍정어 | 부정어 | 긍정어 |
|---|---|---|---|
| 거만한 | 당당한 | 비판적인 | 꼼꼼한 |
| 건방진 | 솔직한 | 산만한 | 호기심이 왕성한 |
| 게으른 | 느긋한 | 성급한 | 진보적인 |
| 경솔한 | 신속한 | 소심한 | 배려 깊은 |
| 고집 센 | 자기 신념이 강한 | 속이 좁은 | 마음이 여린 |
| 교활한 | 재치가 있는 | 수다스러운 | 대화를 잘하는 |
| 급한 | 부지런한 | 어리석은 | 털털한 |
| 깊이 없는 | 가볍고 쉬운 | 엄격한 | 규율을 잘 지키는 |
| 까다로운 | 취향이 확실한 | 엉뚱한 | 기발한 |
| 냉정한 | 잘 흔들리지 않는 | 욕심 많은 | 야망 있는 |
| 느린 | 침착한 | 우유부단한 | 마음이 부드러운 |
| 무뚝뚝한 | 과묵한 | 이기적인 | 자기를 챙기는 |
| 무례한 | 할 말 하는 | 인색한 | 검소한 |
| 바보 같은 | 순진한 | 자기주장이 강한 | 줏대가 있는 |
| 버릇없는 | 자유분방한 | 잘 드러내지 않는 | 신중한 |
| 변덕스러운 | 변화가 빠른 | 잘 속는 | 남을 잘 믿어 주는 |
| 부산스러운 | 빠르고 날렵한 | 잘 잊는 | 수더분한 |
| 부주의한 | 한 가지에 열중한 | 정직하지 못한 | 남을 배려하는 |
| 비겁한 | 겁이 많은 | 즉흥적인 | 유연성 있는 |
| 비난하는 | 표현하는 | 질투하는 | 사랑받고 싶은 |

**점화효과를 이용한 부정어 VS 긍정어 목록**

요. 아이는 같은 행동과 말을 하고 있는데 부모님 눈에 아이가 다르게 보이기 시작할 겁니다.

표와 같이 자녀를 설명하는 단어를 바꾸는 것은 부모님이 아이를 바라보는 눈빛과 태도, 의식을 바꾸기 위한 노력이지 실제 아이의 잘못된 행동을 감싸 주기 위함이 아닙니다. 예를 들어, 화가 나면 무엇인가를 던지는 '난폭한' 혹은 '공격적인' 행동을 '행동이 큰'과 같은 것으로 해석하는 것은 스마일 훈련을 잘못 적용하고 사용하는 겁니다. 난폭한 행동은 잘못된 행동입니다. 이처럼 다른 사람을 놀리고 괴롭히는 '잔인한', 혹은 '잔혹한' 행동이나 성적 '음란한' 행동 등은 이면에 좋은 점이 없는 명백한 잘못된 행동들입니다. 정신질환과 연결된 '우울한' 행동을 보이면 긍정어로 바꾸지 말고 아이가 정신 건강을 회복하도록 도와야 합니다. 잘못된 행동이나 아픈 증상에 대해서는 긍정어로 바꾸는 실수를 하지 마시고, 문제행동을 반드시 수정해서 자녀를 도와주시기를 바랍니다.

두 번째는 부정적인 명령어를 긍정의 권유형으로 바꾸는 연습입니다. 제안 동사는 자녀에게 무엇인가를 부탁하고 요청할 때 사용하는 동사입니다. 부정 제안 동사의 대표적인 것이 "~ 하지 마."입니다. 아이가 뛰어서 위험할 거 같으면 보통 "뛰지 마."라고 말하게 됩니다. 이 말을 어떻게 긍정 제안 동사로 바꿀 수 있을까요? "걷자."라고 하면 됩니다. 행동을 표현하는 동사에 하지 말라는 부정어를 덧붙이는 대신 아이가 했으면 하는 동사 자체를 말하는 것입니다. 다음은 부정 제안 동사를 긍정 제안 동사로 바꾼 몇 가지 예입니다.

- 신경질 내지 마. → 상냥하게 말하자.
- 늦게 들어오지 마. → 일찍 들어와.
- 짧은 옷 입지 마. → 옷을 단정하게 입자.
- 게임 그만해. → 게임 시간 다 되었네. 게임 그만하자.

제안 동사는 정확하게 지시할 때 사용합니다. 그래서 주로 이미 정해진 규칙을 아이가 지키지 않았을 때 사용하게 됩니다. 다시 말하면, 정해진 규칙이 없을 때는 기준이 모호하여 제안 동사를 사용하는 것이 오히려 역효과를 낳을 수 있습니다. "일찍 들어와."라고 제안할 때, 부모님과 아이가 '일찍'이 언제인지 협의가 되어 있어야 합니다. 부모님이 생각할 때는 저녁 8시 이전이 일찍이고, 아이가 생각할 때 자정을 안 넘기는 것이 일찍일 수 있습니다. 그러므로 만약 정해진 규칙이 없다면, 먼저 서로의 의견을 나누어서 합의점을 찾고 규칙을 만드는 단계가 필요합니다. 그리고 나서도 아이가 규칙을 지키지 않았을 때, 다시 상기하는 의미에서 제안 동사를 사용하는 게 바람직합니다. 아이가 약속을 어긴 상황이기 때문에 부모님은 자칫 화가 난 상태에서 말하기 쉽습니다. 그러나 긍정 제안 동사를 찾아서 사용하게 되면 자녀에게 전하고 싶은 부탁의 말을 잘 전달할 수 있게 됩니다. 어긴 규칙을 상기시키면서 아이와 부모의 말다툼으로 번지지 않게 하는 안전장치이기도 합니다. 가정마다 정해진 규칙이 다르더라도 표현하는 방법은 긍정 제안 동사를 사용할 수 있습니다.

세 번째는 부탁과 감사의 언어로 말하는 것입니다. 자녀뿐만 아니라 배우자, 가까운 친구와 지인, 직장 동료들에게도 사용할 수 있습니다. 부탁과 감사의 언어로 말하는 것은 미국 심리학자이자 비폭력 대화의 창시자인 마셜 로젠버그Marshall Rosenberg가 소개한 방법입니다. 잔소리, 비난, 비판, 불평, 설교 등 서로에게 상처가 되는 말 대신 자신의 욕구가 드러나도록 부탁이나 감사로 표현하는 연습이 필요합니다.

| 평소 하던 말 | 부탁의 말 | 감사의 말 |
|---|---|---|
| 너 일찍 안 들어올 거야? | 일찍 들어와 줄래? | 일찍 들어와 줘서 고마워. |
| 언제까지 그렇게 누워 있을 거니? | 이제 일어나면 좋겠다. | 너무 늦지 않게 일어나서 고마워. |
| 갑자기 안 하던 청소를 한다고 난리니! | 1시간 있다 같이 청소하는 건 어때? | 청소하니 좋다. |
| 점수 조금 오른 것 가지고 자만하지 마라! | 성적이 잘 나와서 기쁘네. 다음에도 열심히 해 줘. | 고생했다. 열심히 해줘서 고마워. |
| 내가 게임 그만하라고 그랬지? | 저녁 먹을 시간이야. 게임 정리하고 10분 안에 나올 수 있니? | 알아서 게임 시간을 조절하는 걸 보니 대견하네. |

아이에게 원하는 행동이 있는데 그 행동을 하지 않을 때는 부탁의 말을 하면 됩니다. 반면, 아이가 부모님이 희망하던 행동을 했다면 감사의 말을 하면 됩니다. 부모님이 실제 아이에게 전달하고자 하는 메시지는 부탁이 아니면 감사의 형태로 모두 전환이 가능합니다. 처음에는 익숙하지 않아서 어색할 수도 있고, 평소에 하던 대로 하고 싶은 생각도 드실 수 있습니다. 그래도 아이와의 관계를 개선하기 위해서는 평소 하던 잔소리, 비난, 비판, 불평, 설교, 충고 등의 말은 멈추고, 부탁과 감사의 표현으로 하는 게 필요합니다. 부탁과 감사의 표현 뒤에 사족으로 붙이고 싶은 말도 자제하는 게 좋습니다. 계속 연습하면 두 가지 형태로 표현하는 게 익숙해

질 겁니다. 이로써 긍정 언어를 상냥하고 부드럽게 잘 전달하게 되실 겁니다.

독일 철학자 마르틴 하이데거Martin Heidegger는 "인간은 마치 자신이 언어를 만들고 지배하는 것처럼 굴지만, 사실 언어가 인간을 지배한다."라고 했습니다. 의도적으로 긍정어를 사용하면 여러분이 사용한 그 언어가 여러분의 의식을 긍정적으로 바꿀 것입니다. 그리고 어느새 여러분은 긍정 안경을 쓴 사람이 되어 있을 겁니다. 대화법을 긍정적으로 바꾸는 것도 훌륭한 일입니다. 그러나 부드럽고 상냥한 언어의 이면에 아이를 믿는 사랑스러운 눈빛을 갖고 있다면 대화에서 부모의 사랑이 전달되며, 어떠한 상황에서도 말실수하지 않게 됩니다. 생각하는 대로 말을 하고, 말하는 대로 생각하기 때문입니다.

### 스마일 사례

도현이가 말문을 닫고 무기력증에 빠진 것은 고등학교 2학년 1학기가 지난 후였어요. 직장생활을 하는 도현이 엄마는 도현이가 걱정되어 전화로 상담을 요청하셨어요. 대체 무슨 일이 있기에 도현이의 기운이 다 빠져나갔는지 여쭤봤더니 지난 학기 이야기를 해 주셨어요. 도현이는 휴대폰까지 꺼 놓고 새벽까지 공부했어요. 태어나서 처음 있었던 일이었어요. 1학년 때는 친구들과 어울려 게임을 하고 놀다가 정신을 차리고 공부를 시작했죠. 그런데 성적은 금방 오르지 않았어요. 이 결과가 도현이에게 '난 어차피 안 될 놈인가 보다.'라는 생각이 들게 했나 봅니다. 퇴근 후에 도현이 방에 가 보면 계속 누워만 있고, 가끔 앉아서도 멍하니 있는 도현이 모습이 걱정되어 상담을 요청하셨습니다. 도현이는 번아웃 증상을 보였어요. 반대로 말하면 힘이 하나도 남지 않을 만큼 열심히 했다는 뜻이죠. 도현이 엄마도 스마일공식을 적용했습니다. 부정어를 긍정어로 바꾸는 말을 틈이 날 때마다 도현이에게 얘기해 주는 솔루션을 드렸어요. 도현이 엄마는 냉장고와 반찬통에 포스트잇을 붙여 놓고, 일하는 중간에도 문자를 보내셨어요.

'1학기 동안 열심히 한 모습이 참 대견하다. 엄마 같으면 엄두도 안 났을 거 같아. 원래 무슨 일이든 시간이 걸려. 어려운 일일수록 시간은 더 걸리지. 지금은 힘이 날 때까지 푹

쉬어. 먹고 싶은 거 알려줘.'

도현이가 반응이 없어도 도현이 엄마는 기다리는 마음으로 묵묵하게 잘해 주셨어요. 그리고 얼마 지나지 않아 도현이가 속마음을 이야기했어요. 그렇게 열심히 했는데도 안 됐는데, 앞으로 어떻게 해야 할지 모른다며 눈물을 보였어요. 도현이 엄마는 "열심히 했다는 게 중요한 거야. 결과와 상관없이 최선을 다한 네가 엄마는 자랑스럽다."라고 말씀하셨어요. 그 대화 이후 도현이는 천천히 기력을 찾아갔어요. 스마일 훈련 덕분에 의식이 변한 게 얼마나 감사한지 모른다며 인사를 전해 주셨습니다. 그렇지 않았으면 "뭐 그런 일로 이러고 있어."라고 나무랐을지도 모른다고요. 그리고 도현이에게는 제가 4장에서 소개할 파워공식을 적용하여 입시 준비는 물론이고 인생의 항해를 준비하고 있습니다.

## Express. 진심을 표현하기

이번 단계는 청각적 요소를 훈련하는 익스프레스 Express, 진심을 표현하는 연습입니다. 전달하고자 하는 말의 내용은 그렇지 않은데, 말투나 억양, 음의 높낮이 등의 차이로 의미가 미묘하게 혹은 확연하게 달라지는 경우들이 많습니다.

시우 엄마도 청각적 요소를 잘못 사용하셔서 진심을 제대로 전달하지 못한 적이 있었습니다. 중학교 3학년 시우는 아침에 일어나는 것을 힘들어 해서 그날도 겨우 시우를 깨웠습니다. 이미 시간이 늦어서 아침도 못 먹고 급하게 준비하고 출발해야 하는 상황이었습니다. 시우 엄마는 스마일공식을 생각하며, 시우를 좋게 바라보려고 노력하면서 빨리 준비할 수 있도록 재촉했습니다. 그런데 잠에서 겨우 깬 시우는 엄마가 재촉하는 것만큼 빨리 움직일 수가 없어서 느릿느릿 행동했습니다. 엄마는 그 행동을 보고 "넌 참 여유 있는 아이구나."라는 말을 했습니다. 느린 행동을 긍정어로 여유롭다고 해석한 것입니다. 그런데 시우는 그 말을 듣고 짜증이 났습니다. "아! 그러지 말고, 차라리 화를 내!" 시우 엄마는 당황했습니다. 답답한 아이의 행동을 긍정어로 표현한 건데, 시우가 되레 화를 내니 방귀 뀐 놈이 성낸다는 생각이 들었습니다. 우여곡절 끝에 시우를 학교에 보내고 시우 엄마가 살짝 흥분한 목소리로 저에게 전화하셨습니다. 상황을 듣고 제가 시우 엄마에게 어떻게 말씀하셨는지 다시 말씀해 달라고 부탁드렸습니다. 제가 들어보니 미묘하긴 했지만, 비꼬는 듯 들렸습니다.

같은 말이라도 청각적 요소에 따라 상대방에게 아주 다르게 들릴 수 있습니다. 전달하는 사람의 의도와 전달하고자 하는 내용을 청각적 요소가 왜곡하는 겁니다. 억양을 다르게 하면 시우 엄마가 실수한 것같이 비꼬는 것처럼 들릴 수 있습니다. 말투를 다르게 하면 화가 났거나 짜증이 난 것처럼 들릴 수 있습니다. 목소리를 너무 크게 해도 분노한 것처럼 들릴 수 있습니다. 반대로 목소리가 너무 작으면 구시렁거리는 것처럼 들릴 수 있습니다. 속도를 너무 빨리하면 상대는 내용을 잘 알아들을 수도 없을뿐더러 따지는 듯이 들릴 수 있습니다. 속도가 너무 느려도 상대는 불만을 표출한 것이라고 오해할 수 있습니다. 톤이 높으면 신경질을 내는 것처럼 들릴 수 있으며 낮으면 협박을 하는 것처럼 들릴 수 있습니다. 침묵도 청각적 요소에 포함됩니다. 한참 말을 하다가 갑자기 침묵하면 소리가 사라지면서 기분이 나쁘거나 화가 난 것처럼 느껴질 수 있습니다.

시우 엄마에게 이렇게 감정이 불편한 상황에서는 1단계인 '멈추고 호흡하기'를 하시는 게 좋다고 조언해 드렸습니다. 그리고 긍정어로 아이를 설명하고 싶으면 마음속으로 얘기하면 됩니다. 아이에게 꼭 들려줄 필요는 없다고도 알려드렸습니다.

아래는 청각적 요소들을 부드럽게 하는 연습 방법입니다. 노래를 부르는 분들이나 언어 전달력이 중요한 아나운서, 기자, 강사들이 사용하는 방법 중 일부입니다.

- 차분한 마음으로 호흡법을 이용하여 호흡합니다.
- '아야어여오요우유' 모음을 빠른 속도로 세 번 말하면서 입안과 혀 근육을 풀어 줍니다.
- '도레미파솔라시도'와 '도시라솔파미레도'를 세 번씩 부르면서 목소리를 풀어 줍니다.
- 허밍으로 좋아하는 노래를 부르면서 톤을 가다듬습니다.
- 따뜻한 물을 자주 마십니다.

진심을 표현하려면 청각적 요소를 신경 써야 합니다. 억양과 말투를 부드럽게 하고, 목소리 크기와 속도도 적당히 해야 합니다. 입안과 혀 근육, 목소리와 톤을 풀어 주면 청각적 요소를 통제하는 데 도움이 됩니다. 이렇게 연습하면 자녀를 사랑하고 돕고 싶은 부모님의 마음을 오해 없이 전할 수 있습니다. 특히 대화는 부모님과 자녀가 차분한 마음으로 할 때 원활하게 소통할 수 있습니다. 서로의 진심을 주고받는 게 훨씬 수월해집니다. 호흡법을 연습하고 따뜻한 물을 자주 마시는 것은 마음을 차분하게 해서 상대방의 진심을 알아보고 본인의 진심을 전달할 수 있게 도와줍니다.

 자녀와 관계가 안 좋은 경우는 다른 무엇보다 관계 개선이 우선입니다. 관계가 좋지 않으면 아무리 좋은 조언도 제대로 들리지 않을뿐더러 잔소리로 여겨질 수 있습니다. 관계가 깨질 때보다 개선하는 과정에서 더 많은 시간이 필요합니다. 반드시 개선할 수 있다는 믿음을 가지고 자녀에게 진심을 전해야 합니다. 관계를 개선할 때는 다른 말씀보다는 차분한 어투로 "우리는 너를 진심으로 도와주고 싶어. 어떤 도움이 필요한지 말할 준비가 되면 알려줘. 기다릴게."라고 자주 말씀해 주세요. 아이가 입은 열지 않아도, 귀는 열고 듣고 있습니다. 그리고 언젠가 준비되면 아이가 용기를 내어 부모님께 한 발짝 다가올 거예요. 관계 개선을 위한 진심이든, 특정 행동을 부탁하기 위한 진심이든, 부모님의 진심은 자녀가 도움이 필요할 때 도와주고 싶다는 것입니다.

 진심을 보이지 못하고 안전하게 숨겨 놓는 이유는 꺼냈다가 혹시 상처를 입을까 두렵기 때문입니다. 진심을 누군가에게 내보이는 것은 큰 용기가 필요합니다. 상대가 진심을 받아 줄지 어떨지 모르는 상황에서는 혹시 진심이 거절 당해도 참아 낼 용기가 필요합니다.

유빈이는 중학교 2학년 때 처음 가출했습니다. 아빠가 유빈이가 제일 좋아하는 아이돌 콘서트에 못 가게 한 것이 발단이었습니다. 다행히 유빈이는 친구네 집으로 가출했고, 유빈이 엄마와 그 친구 엄마가 서로 아는 사이여서 하룻밤 자고 다시 집으로 돌아오는 것으로 마무리가 되었습니다. 그런데 집에 와서 유빈이는 아빠와 대화를 거부하기 시작했습니다. 아빠가 말을 걸면 자리를 피했습니다. 심지어 방문을 열었을 때, 거실에 아빠가 계시면 다시 자기 방으로 들어가 버렸습니다. 이런 반응에 유빈이 아빠는 몹시 화가 났습니다. 늦은 시간에 먼 곳에서 진행되는 콘서트가 위험할까 봐 반대한 거지, 유빈이가 좋아하는 걸 못 하게 하려는 의도가 아니었습니다. 그러나 유빈이는 가출하고, 아빠와 대화를 단절할 정도로 격한 거부감을 표현했습니다. 중간에서 유빈이 엄마도 힘들기는 마찬가지였지요. 남편에게 먼저 가서 얘기해 보라고 해도, 어차피 유빈이가 대답을 안 할 거라며 시도조차 하지 않으려고 했습니다. 유빈이 엄마의 끈질긴 설득 끝에 유빈이 아빠가 유빈이에게 편지를 썼습니다. 도저히 말로 진심을 말하는 것이 자신이 없어서 그렇게 했습니다. 다행히 유빈이는 아빠의 편지를 받고 마음을 풀었습니다. 유빈이 아빠에게 걱정돼서 그랬다는 말을 왜 하기 어려우신지 여쭤봤더니 "그런 걸 꼭 표현해야 아나요? 그냥 아는 거 아닌가요?"라고 반문하셨습니다. 유빈이 아빠의 경우는 진심을 표현해 본 적이 없어서 어려워한 경우입니다. 저는 진심은 반드시 표현해야 아이가 안다고 답해 드렸습니다.

진심을 말로 직접 표현하는 것이 익숙하지 않거나 자신의 목소리 톤이나 어투가 유독 강하다면 편지나 문자로 진심을 전하는 것도 하나의 방법입니다. 그리고 진심이 왜곡되지 않도록 청각적 요소를 부드럽게 하는 연습을 계속하는 게 좋습니다. 자녀와의 좋은 관계를 위해서는 부모님의 사랑하는 마음을 자녀에게 전해 주셔야 한다는 것을 기억하세요. 진심은 결국 통하게 될 겁니다.

**스마일 사례**

중학교 2학년인 현준이는 친구들 사이에서 인기가 좋습니다. 현준이의 인기 비결은 다름 아닌 게임이었어요. 친구들에게는 부러움의 대상인 현준이지만 집에서는 골칫덩어리 아들이었습니다. 현준이 엄마는 게임만 하고, 게임 관련 유튜브를 보면서 대부분 시간을 보내는 현준이가 게임 중독이라고 걱정하셨어요. 그래서 현준이의 상담을 요청하셨습니다. 게임 중독에서 벗어나게 도와 달라는 말씀과 함께요. 저는 현준이가 만약 중독이라면 전문 병원에서 치료해야 한다는 말씀을 드리며 현준이 엄마와 먼저 이야기를 나눠 볼 것을 제안했어요. 결론부터 말씀드리면 현준이는 중독이 아니었습니다. 무엇인가에 중독이 되면 일상생활이 불가능해집니다. 현준이의 경우에는 학교도 가고, 숙제도 하고, 친구들도 만나고, 밥도 먹고, 잠도 자고 일상생활을 잘하고 있었어요. 다만, 게임을 많이 했어요. 현준이 엄마가 볼 때는 그 모습이 중독처럼 보이신 거죠. 그래서 잔소리를 많이 하셨어요. 당연히 현준이는 듣기 싫어 했고요. 그러면 현준이 엄마는 게임 중독이라서 엄마 말을 안 듣는다고 했고, 그 말을 들은 현준이는 엄마 말을 더 안 들었죠. 듣기 싫으니까요. 악순환이 계속되었습니다. 현준이 엄마에게 게임을 제외하고 현준이가 어떤 아이인지 여쭤보며 상담을 진행했어요. 현준이가 게임만 잘해서 친구들에게 인기가 많은 게 아니더라고요. 유머 감각도 있고, 배려심도 있는 아이였어요. 현준이 엄마에게 직접 말로 엄마의 생각을 현준이에게 표현하라는 솔루션을 드렸어요. 처음부터 많이 어려워하셨어요. 아이가 중독이라고 생각해서 잔소리만 했지, 진솔한 마음을 이야기 해 본 적이 없으셨으니까요. 너무 힘들어하셔서 현준이 엄마가 잘하실 수 있는 것을 찾아보았습니다. 현준이 엄마는 음식 솜씨가 아주 좋으셨어요. 현준이와 동생에게 외식하자고 하면 집에서 먹는 게 더 맛있다고 할 정도로요. 그래서 현준이가 게임을 할 때 간식을 정성껏 해 주시는 것을 제안했어요. 그것은 할 수 있겠다고 하시더라고요. 처음에는 현준이가 당황해하더래요. 매번 중독이라고 나무라던 엄마가 갑자기 간식을 주시니까요. 2주 차에는 한 가지 미션을 더 추가했습니다. 간식을 주시면서 "먹으면서 해."라고 말씀하시라고 했어요. 그리고 게임을 하면 얻을 수 있는 장점에 대해서도 이야기를 많이 나눴어요. 미국 심리학자인 하워드 가드너Howard Gardner의 다중지능이론을 소개하면서 실제 게임이 상황판단력, 의사소통능력, 전략기획력, 실행력, 통솔력, 집중력 등을 요하는 활동인 것을 설명해 드렸어요. 설명을 들으면서 놀라시더라고요. 진심을 말로 표현하기 힘들던 현준이 엄마는 "먹고 싶은 간식 있으면 말해. 엄마가 해 줄게.", "뭐라도 열심히 하니 좋다."라는 말을 할 수 있게 되었어요.

현준이 엄마의 진심은 결국 간식으로 전하게 된 거죠. 그렇게 몇 주가 되자, 현준이가 게임을 하는 시간이 현저하게 줄었습니다. 엄마에게 먼저 말을 거는 일도 늘어나고, 간식을 받을 때 감사 인사를 하기도 하고요.

그러나 가장 큰 변화는 현준이 엄마의 눈빛이었어요. 전에는 아들이 게임을 하는 그림자만 봐도 답답하고 화가 났는데, 상담 받은 후에는 얼마나 공부가 힘들면 저렇게 게임에 몰두하나 안쓰럽다는 생각이 들었대요. 그리고 그런 생각은 눈빛에 고스란히 배어 나왔습니다. 현준이 엄마가 바뀌니 현준이도 변했습니다. 현준이가 게임에 몰두했던 이유는 다름 아닌 그 공간에서 성취감이 높아지기 때문이었어요. 자기도 잘하고 싶은데 생각처럼 공부를 잘하지 못하고, 엄마는 인정해 주지 않으니 자기가 잘하고 인정받는 게임 세계에 더 머물고 싶었던 거죠. 서로의 진심을 알게 된 엄마와 아들은 서로가 무엇을 원하는지도 자연스럽게 대화할 수 있게 되었어요. 현준이는 게임 시간을 줄이고, 공부하는 데 시간을 더 쓰고 있어요. 현준이 엄마도 현준이가 게임을 하는 시간만큼은 방해하지 않고 기다리며 스마일공식을 잘 적용하고 있습니다. 여전히 간식과 함께 진심을 전하면서요.

## 스타일쌤 MEMO _ 자아정체성

어떤 것이 사춘기 자녀의 발달에 가장 중요한 요소일까요? 그건 바로 자아정체성을 확립하는 일입니다. 공부에 대해 고민하던 아이가 실제 공부를 하기 시작할 때는 자아정체성이 확실해질 때입니다. 그전에는 하기는 해야겠고 걱정은 되는데 나는 누구이고, 왜 공부해야 하는지가 명확하지 않아서 좀처럼 실행하기가 어렵습니다. 잠시 공부를 시작해도 지속하는 건 불가능합니다. 금세 의지가 약해지니까요.

그러나 나에 대해 명확해지면 자연스럽게 공부해야 하는 이유도 확실해지고, 누가 시키지 않아도 스스로 공부를 합니다. 자아정체성이 확실하므로 외부 사람이나 환경에 의해 흔들리지 않게 됩니다. 어떤 아이들은 공부에 대한 고민이 전혀 없다가 자아정체성을 확립하고 나서 고민하기 시작하는 때도 있습니다. 그러나 분명한 것은 자아정체성이 제대로 확립되지 않으면 공부뿐만 아니라 어떤 고민도 시간 낭비로 끝나기 십상입니다.

여기서 말하는 공부는 학교 공부가 아닐 수도 있습니다. 어릴 적부터 유독 외모를 꾸미는 것에 관심이 남달랐던 아이는 자아정체성을 확실하게 찾은 후에 메이크업 아티스트의 길로 갔습니다. 그 아이는 각 사람의 얼굴에서 예쁜 부분이 잘 나타나게 도와줄 때 제일 행복하답니다. 이 또한 공부를 제대로 하고 진로를 잘 선택한 사례입니다.

이 책을 읽으시는 부모님들께서 바라고 꿈꾸는 자녀의 진로가 있을 거예요. 그러나 그것은 부모님의 바람이지, 아이의 꿈은 아닙니다. 혹시라도 아직도 자신이 원하는 모습으로 아이가 커 가기를 바란다면 스마일공식을 다시 읽고 연습하세요. 부모님이 손을 놓아야 아이는 자아정체성을 제대로 찾을 수 있습니다. 붙잡고 있을수록 관계도 나빠지고, 아이도 성장할 수 없다는 것을 명심하세요.

# 4장
## 아이가 세상을 살아갈 P.O.W.E.R.

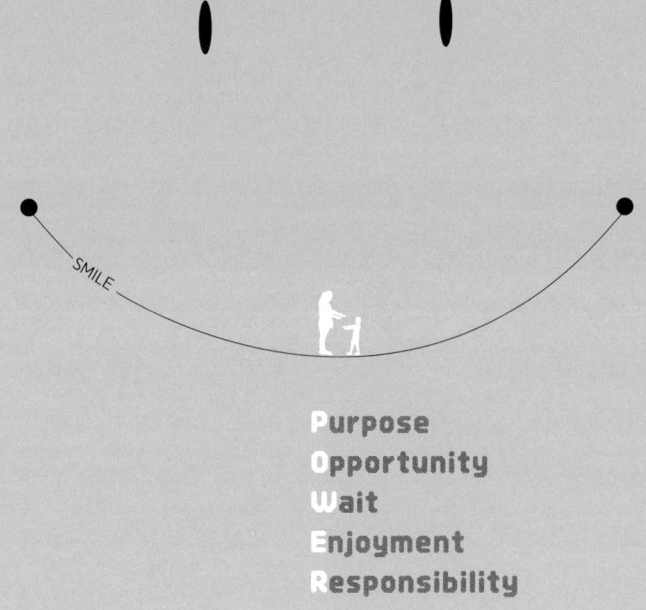

**P**urpose
**O**pportunity
**W**ait
**E**njoyment
**R**esponsibility

## 하루 5분 성장하는 힘, 파워공식

　반복되는 일상에서 아이의 성장을 발견하는 것은 쉽지 않습니다. 특히 유아기가 지난 후에는 성장 속도가 더디죠. 어제 잘 먹고 잤다고 다음 날 키가 5cm 커지거나 갑자기 외국어를 유창하게 하는 마법 같은 일은 일어나지 않기 때문이에요. 하지만 아이의 성장이 눈에 들어오는 때가 있습니다. 바로, 어느 날 갑자기 과거와 비교해서 아이가 커 보이는 때입니다. 저는 이것을 '의미 있는 일상의 재발견'이라고 부릅니다. 1년 전이나 5년 전을 떠올려 비교해 보면, 아이의 폭발적인 성장이 보입니다. 중요한 것은 사실 아이는 매일 아주 조금씩 자라고 있었죠. 그 성장의 정도가 너무 미미해서 평소에는 보이지 않았을 뿐입니다. 아이가 그동안 얼마나 많이 컸는지 '의미 있는 일상의 재발견'을 하면 복잡한 감정이 듭니다. 잘 커 준 시간이 대견하고 뿌듯하기도 하면서, 한편으로 그 시간 동안 아이를 키우느라 고생한 부모 자신을 생각하며 뭉클하기도 하고, 어차피 잘 클 텐데 왜 그리 염려했나 싶은 후회도 되고요. 세월이 느껴지면서 시간이 빨리 간다는 생각이 듭니다. 그런데 야속하게도 시간은 멈추지 않고 계속 흐르고 아이는 곧 부모의 품을 떠날 거예요.

아이가 부모의 품을 떠날 때 어떤 모습이기를 바라나요? 그런 모습으로 성장할 수 있도록 돕고 있나요? 계획하고 생각하는 대로 아이가 잘 크고 있나요? 앞으로도 아무런 문제 없이 잘 큰다고 장담할 수 있나요?

여러분에게 이런 불편한 질문을 하는 이유는 생각보다 시간이 없기 때문입니다. 영원할 것 같은 부모와 자녀 관계는 자녀가 독립하면서 전환점을 맞이합니다. 기회는 품 안에 있을 때입니다. 다시 말해, 사춘기를 보내는 지금이야말로 부모로서 아이의 성장을 도울 수 있는 마지막 기회입니다.

그럼, 자녀의 성장을 어떻게 도와야 할까요? 어떤 성장을 도와야 할까요? 돕기 위해 무엇을 해야 할까요?

결론부터 말씀드리면 성장이 잘 이루어지는 환경을 제공하면 됩니다. 생존을 위해서 필수가 되는 깨끗한 물, 영양가 있는 음식, 쾌적한 주거 공간 등의 환경도 주어져야 합니다. 신체 성장을 위해서는 뛸 수 있는 공간과 지속적으로 신체를 자극할 수 있는 활동이 있으면 좋습니다. 언어가 성장하려면 많이 듣고, 말해 보고, 읽고, 쓸 수 있는 환경이 주어지면 됩니다. 인지와 정서 성장도 마찬가지입니다. 그러나 여기서 제가 강조하는 환경은 마음의 생명인 자아정체성이 성장할 수 있는 환경을 뜻합니다. 사춘기 때 꼭 이뤄야 하는 성장이 바로 자아정체성이기 때문이죠. 그런데 누구도 아이에게 '자아정체성'을 직접 전해 줄 수 없습니다. 그것은 아무리 부모여도 불가능합니다. 대신 부모가 해 줄 수 있는 것은 아이가 자아정체성을 찾을 수 있는 환경을 구성해 주는 거죠. 그럼, 어떤 환경이 필요할까요? 교육 학습환경 전문가인 제가 특별히 알려 드릴게요.

## 자아정체성 성장을 위한 환경

　자아정체성 성장을 위한 환경은 크게 2가지로 구성됩니다. 아이의 외부에 필요한 환경, 그리고 아이 내부에 필요한 환경입니다. 외부 환경은 바로 부모님의 눈빛입니다. 아이를 믿어 주는 눈빛, 응원하고 격려하는 눈빛 말입니다. 3장에서 서술하였듯이 이 눈빛은 부모님의 의식에서부터 비롯됩니다. 스마일공식으로 의식을 바꾼다면 아이의 자아정체성이 성장할 수 있는 외부 환경을 조성할 수 있습니다. 부모님의 눈빛은 양육 태도를 결정하는 요소 중 하나인 '지지'라고 볼 수 있습니다. 아이를 신뢰하고 지원할수록 '지지'를 많이 해 주는 겁니다.

내부 환경은 아이 자신이 만들어야 합니다. 다른 말로 하면 내적 동기라고 합니다. 내적 동기는 기본적으로 자율성, 관계성, 유능성에서 비롯됩니다. 즉, 성장을 위한 내적 환경은 스스로 무엇인가 해 보고 싶다는 흥미, 나는 할 수 있다는 자아존중감, 나는 세상에 필요한 존재이고 나만 할 수 있는 일이 있다는 자기효능감, 실패해도 다시 일어날 수 있다는 회복탄력성, 누군가에게 의미 있는 일을 하고 싶다는 이타심 등이 복합적으로 작용하면서 강화됩니다. 막상 설명을 들으니 어떻게 해야 할지 더 어려워지셨죠? 저도 내적 동기를 연구하면서 이런 생각을 많이 했습니다. '이런 환경을 도대체 어떻게 만들 수 있는 거야?'

그래서 개발한 것이 파워POWER공식입니다. 파워공식은 부모님이 자녀의 자아정체성 성장과 인생의 주인으로 건강하게 자리잡는 것을 돕기 위해 개발된 성장 도구입니다. 아이의 내적 동기를 강화하고 유지하는 것을 목적으로 개발되었습니다. 다시 한번 강조하지만, 내적 환경은 아이가 스스로 만들어야 의미가 있습니다. 부모님은 아이 옆에서 아이가 스스로 해 나갈 수 있도록 조력자의 역할을 하면 됩니다. 양육 태도를 결정하는 요소 중 '요구'가 여기에 속합니다. 아이 스스로 내적 동기를 강화할 수 있도록 부모님은 지속적으로 안내하고 더 멀리 바라볼 수 있도록 함께해 주는 겁니다. 부모의 욕심대로 아이에게 강요하는 것과 구분하셔야 합니다. 아이의 잠재력을 믿고 아이가 포기하려고 할 때, 한 발 더 걸어 나갈 수 있도록 '요구'하는 것을 뜻합니다. 그래서 개인차가 있지만, 상당한 시간이 소요됩니다. 청소년기는 아이의 정체성을 찾아 이 옷, 저 옷 입어 보며 자신만의 옷을 찾는 과정입니다. 입자마자 아니라고 할 수도 있고, 이 옷이 맞나 보다 하다가 불편해져서 바꿔 입을 수도 있습니다. 이런 시기가 짧게는 청소년기, 길게는 20대까지도 계속될 수 있습니다. 그러므로 차분하고 여유로운 마음으로 아이와 함께 천천히 둘러보며, 자녀의 자아정체성이 어디에 있을지 설레고 기대하는 마음으로 아이의 여정을 함께 해 주세요. 본래 소중하고 가치 있는 것은 얻기가 어렵습니다. 이 여정을 통해 아이는 자신에게 꼭 맞는 정체성 옷을 찾을 것입니다. 함께 지켜보는 부모님에게도 값지고 행복한 시간이 될 것입니다.

## 파워공식

**P** — Purpose
목적을 찾게 하기

**O** — Opportunity
기회를 주기

**W** — Wait
몰입할 때까지 기다리기

**E** — Enjoyment
즐기게 하기

**R** — Responsibility
책임지게 하기

# Purpose. 목적을 찾게 하기

헬렌 켈러<sup>Helen Keller</sup>는 "많은 사람이 무엇이 진정한 행복인지에 대해 잘못된 생각을 하고 있다. 행복은 자기만족에 의해서가 아니라, 가치 있는 목적에 충실함으로써 이루어진다."라고 말했습니다. 여러분은 목적을 가지고 있나요? 여러분의 인생을 행복하게 할 가치 있는 목적은 무엇인가요? 어떤 분은 이 질문에 바로 대답할 수도 있고, 어떤 분은 머뭇거릴 수도 있습니다. 사실 어른인 부모들도 매일 인생의 목적을 생각하며 살지는 않습니다. 하루하루 충실하게 살아갈 뿐이지요. 그러다 보니 목적의 유무가 인생을 사는 데 차이가 없어 보이기도 합니다. 그러나 목적이 분명한 인생과 그렇지 않은 인생은 큰 차이가 있습니다. 이것은 매일 목적을 기억하며 열정을 불태우라는 이야기가 아닙니다. 지금 하는 일들을 '왜' 하는지 방향성을 인지하고 있는지 아닌지에 대한 이야기입니다. 어디로 가야 할지 몰라 헤매고 불안하고 후회하며 살지 않기 위해서는 반드시 목적이 필요합니다. 책상 앞에 크게 써서 붙여 놓고 되뇌지 않아도 말이죠. 길이 막히거나 돌아가야 할 때도 최종 목적지를 알고 있으면 불안해하지 않고 창밖의 풍경을 즐기며 갈 수 있습니다.

하지만 목적을 찾는 것은 쉽지 않습니다. 목적은 미래의 개념이고, 현재에서 미래를 바라볼 때 아직 경험해 보지 못한 영역이기 때문입니다. 아직 성장 중인 사춘기 아이의 경우는 목적의 부재나 혼돈이 더 클 수 있습니다. 목적에 대해 고민해 보고 생각해 볼 시간이 현저하게 적었기 때문이죠. 한참 후에 일어날 인생의 목적을 이제 겨우 10대인 아이가 진지하게 고민하기는 어렵습니다. 그렇다고 그냥 둘 수도 없지요? 인생의 목적을 고민하는 과정이 결국 아이의 자아정체성을 확고하게 하는 데 도움이 되기 때문이에요. 그럼, 어떻게 아이가 인생의 목적을 찾도록 도와야 할까요?

먼저, 인생의 목적은 '현재'가 누적되어 이루어진다는 것을 이해하는 것이 필요합니다. '나는 무엇을 잘하지?', '무엇을 할 때 가장 행복하지?', '어떤 사람이 되고 싶지?', '어떤 인생을 살고 싶지?'와 같은 본질적인 질문을 하며 그 답을 찾아가는 모든 '현재'의 과정이 바로 인생의 목적을 찾는 과정입니다. 뚜렷하게 알지 못해도 고민하고 있다는 자체로 충분합니다.

앞에서도 강조한 것처럼 목적을 찾는 과정은 시간이 오래 걸립니다. 옆에서 도울 수는 있지만, 아이가 스스로 찾아야 하는 과정이고요. 그래서 이 과정을 묵묵하고 성실하게 하다 보면 어느 순간, 확고한 자아정체성을 가진 아이를 발견하게 될 것입니다.

인생의 목적을 찾는 과정에 대한 이해가 되었으면 이제 인생의 목적을 어떻게 찾을지 이야기해 보죠. 인생의 목적을 찾기 위해서는 먼저 좋아하는 일을 찾아야 합니다. '좋아하는 일'에서 '일'을 찾아야 하는 이유는 사람은 일을 할 때 비로소 존재하는 느낌을 받기 때문입니다. 일을 하다가 출산 휴가나 육아 휴직을 할 때 엄마들이 우울증 증상을 보이는 것도, 아빠들이 퇴직하고 공허감이나 허무감으로 힘들어하는 것도 같은 맥락입니다. 할 '일'이 없을 때 자신의 존재가 무의미하게 느껴져서 그렇습니다. 그러면 왜 '좋아하는' 일을 찾아야 할까요? 이것도 존재 이유와 연관이 있습니다. 존재 이유를 증명하기 위해서는 두 가지 조건이 충족되어야 합니다. 첫째는 나 스스로가 행복해야 하고, 둘째는 타인이 내 덕분에 행복하다고 해야 합니다. 그래서 나를 행복하게 만들 수 있는 좋아하는 일을 찾으면 두 가지 조건 충족의 가능성이 더 높아집니다.

또한 아무리 좋아하는 일도 하다 보면 힘들고 어려운 지점을 만나게 됩니다. 역경의 순간이 찾아왔을 때 좋아하는 일을 하고 있다면 견디고 회복하는 게 훨씬 수월합니다. 그런데, 애초에 좋아하지 않거나 심지어 싫어하면 포기할 확률이 높습니다. 그래서 좋아하는 일을 찾아서 해 보는 것이 인생의 목적을 알 수 있는 첫걸음이 됩니다. 아이가 좋아하는 일을 찾기 위해서는 새로운 일을 탐색할 수 있는 경험을 최대한 많이 제공해야 합니다. 우선 경험해 봐야 그 일을 자기가 좋아하는지 아닌지 알 수 있기 때문이죠.

파워공식의 첫 번째인 P, '목적을 찾게 하기'는 다음과 같습니다.

아이가 좋아하는 일을 찾을 때까지 탐색해 볼 수 있도록 지원하세요.

준영이는 초등학교 1학년 때부터 수영을 했습니다. 수업을 잘 따라가고 수영에 재능도 보여서 초등학교 내내 열심히 했습니다. 시합에 나가서도 좋은 성과를 내서 준영이 부모님도 기대를 많이 하셨습니다. 그런데 중학교에 가서 준영이에게 슬럼프가 찾아왔습니다. 기량이 좋아져서 시간을 단축해야 하는데, 좀처럼 연습에 집중하기가 힘들어졌습니다. 한동안 방황하던 준영이는 결국 수영을 그만두었습니다. 준영이 엄마가 특히 힘들어했습니다. 6년이 넘는 시간 동안 잘해 왔는데, 그간의 시간과 고생이 헛수고가 되었다고 생각하니 너무 아깝게 느껴졌습니다. 그런데 얼마 후에 준영이는 학교 축구팀에 들어가게 되었습니다. 그리고 빠른 속도로 적응하며 기량을 뽐내기 시작했습니다. 준영이보다 오래 축구를 한 아이들보다 더 좋은 성적을 냈습니다. 수영 훈련으로 폐활량이 좋은 준영이는 공을 따라서 빠르게 뛸 수 있었습니다. 그리고 중학교 3학년 때부터 학교 대표 선수로 활약하고 있습니다. 사교성이 뛰어난 준영이는 개인 운동인 수영보다는 팀 운동인 축구를 할 때 더 즐겁게 참여할 수 있었습니다. 수영을 그만둘 때, 힘들어하던 준영이 엄마는 그때 수영을 계속하라고 밀어붙이지 않은 것이 얼마나 다행인지 모른다고 말씀하십니다.

준영이는 6년이라는 시간을 통해 자기는 혼자 하는 운동을 좋아하지 않는다는 사실을 알았습니다. 탐색하지 않았으면 알 수 없었을 사실입니다. 아동기 때는 부모님이 시키는 대로 하다가 사춘기가 시작되면 자아정체성을 찾으면서 자신이 무엇을 좋아하고 싫어하는지 더욱 분명하게 알게 됩니다. 자녀가 자신이 기쁘게 할 수 있는 것을 찾을 때까지 새로운 것을 탐색해 볼 기회를 주어야 하는 이유가 바로 이것 때문입니다. 이렇게 자기가 좋아하는 것과 잘하는 것을 찾았어도 목적이 선명하게 보이지 않을 수 있습니다. 서서히 알아 가게 됩니다.

어떤 아이는 준영이처럼 일찍 자신이 좋아하는 일을 찾을 수도 있습니다. 반대로 늦은 시기에 찾을 수도 있습니다. 또 아이가 좋아하는 일이 성장하면서 바뀔 수 있습니다. 그러나 이런 것들은 목적이 아닙니다. 목적을 찾아가기 위한 수단과 방법이죠. 준영이는 운동 종목을 탐색하면서 자기가 팀 운동을 더 좋아한다는 사실을 알게 되었습니다. 그리고 앞으로 좋아하는 운동을 하며 왜 사는지 이유를 찾아갈 것입니다. 아이가 좋아하는 일을 찾는 과정에서 체험한 경험들은 반드시 아이가 인생의 목적을 찾아가는 데 도움이 됩니다. 그러니 변경이 된다고 해서 불안해하지 않으셔도 됩니다. 모든 과정은 결국 아이에게 유익하게 작용할 거니까요.

현재 하는 일이 다른 사람이나 사회에 어떤 도움이 될 수 있는지 생각해 보게 하세요.

제 인생의 목적은 누군가를 실질적으로 도와주는 것입니다. 목적을 이루는 방법이나 그 대상은 때마다 다릅니다. 그러나 다른 사람을 도우며 제 인생의 목적에 맞게 살고 있습니다. 직업적으로 보면 유치원 교사로 일하면서 아이들의 성장을 도왔고, 교육학을 공부하면서 교사들이 학생을 잘 가르칠 수 있도록, 부모들이 자녀를 잘 양육할 수 있도록 돕고 있습니다. 그리고 제가 깨달은 것이 많은 부모님에게 도움이 되었으면 하는 마음에서 이 책을 쓰고 있습니다. 쉽지는 않습니다. 어렵고 힘들지만, 즐겁게 하고 있습니다. 제 인생 목적과 부합한 일이어서 책을 쓰는 과정이 저에게 큰 기쁨이 되고 있습니다. 가정에서는 제 부모님의 휴대전화에 앱을 설치해 드리거나 기차표를 예매하는 일 등 부모님의 필요를 채워 드립니다. 남편과 아이들의 식사를 챙기고, 집을 청소하고, 옷과 이불을 세탁하며 가족을 돕고 있습니다. 주변에 도움이 필요한 사람들이 있을 때, 할 수 있는 한 도와주려고 합니다. 물질적 보상이 있든 없든, 누군가를 도울 때 느끼는 기쁨이 저 자신에게 큰 보상이 됩니다. 세월이 지나면서 제 인생의 목적이 더욱 또렷하게 깨달아집니다.

『그릿』의 저자 안젤라 더크워스Angella DuckWorth 교수는 끈기와 열정을 가지고 성공한 사람들이 공통으로 더 높은 목적의식을 가지고 있다고 말합니다. 더 높은 목적의식은 이타적인 마음에서 비롯됩니다. 더크워스 교수가 책에서 소개한 벽돌공 우화입니다.

세 벽돌공에게 물었다. "무엇을 하고 있습니까?"
첫 번째 벽돌공이 대답했다. "벽돌을 쌓고 있습니다."
두 번째 벽돌공이 대답했다. "교회를 짓고 있습니다."
마지막으로 세 번째 벽돌공은 이렇게 대답했다. "하나님의 성전을 짓고 있습니다."
첫 번째 벽돌공은 생업을, 두 번째 벽돌공은 직업을, 그리고 세 번째 벽돌공은 천직을 갖고 있다.

같은 일을 하고 있지만, 목적의식이 있는 사람과 그렇지 않은 사람의 답이 다를 수 있습니다. 결과는 같을 수 있으나, 과정은 전혀 다릅니다. 벽돌공 우화처럼 결과적으로는 세 벽돌공 모두 건물을 완성할 겁니다. 그러나 세 벽돌공의 마음가짐과 태도는 다를 것입니다. 어느 벽돌공이 제일 최선을 다할까요? 이처럼 아이가 좋아하는 일을 찾았어도 어떤 목적의식을 가지고 있느냐에 따라 과정이 달라집니다. 그리고 과정 자체는 곧 인생이 됩니다. 인생은 순간의 연속으로 이루어져 있기 때문이죠.

목적을 찾는 과정에서 현재 하는 일이 누군가를 이롭게 한다는 더 높은 목적의식을 갖게 되면 일을 더 열심히 하게 됩니다. 그리고 더 오랫동안 지속할 수 있게 됩니다. 공부하는 것이 힘들지만, 공부해서 필요한 지식을 얻어야 목적을 이루는 데 도움이 된다면 기꺼이 고생을 감내합니다. 그 과정에서 힘든 일이 생길 때마다 버티고 넘어갈 수 있는 힘이 다른 사람을 돕는 마음에서 나옵니다. 바로 존재 이유 중에 두 번째인 타인이 내 덕분에 행복하다고 하는 조건을 만족하게 됩니다.

아이에게 감명을 줄 수 있는 롤 모델을 찾도록 지원하세요.

인생의 목적을 찾는 과정에서 롤 모델이 있으면 아이가 자기 미래의 모습이 어떨지 미리 확인하고 스스로 동기부여를 하는 데 도움이 됩니다. 롤 모델은 유명인 중에서 혹은 주변의 가까운 사람 중에서 있을 수 있습니다. 롤 모델 또한 새로운 시도와 탐색을 할 때, 찾을 수 있습니다. 좋아하는 연예인이 사회봉사를 하고 기부하는 모습을 보면서 '나도 커서 저 연예인처럼 시간과 돈을 의미 있게 사용하고 싶어.'라고 생각할 수 있습니다. 어릴 적 아파서 자주 병원에 가던 아이가 친절한 간호사를 보면서 '내가 주사를 맞고 치료받는 것이 무서울 때 간호사 선생님의 친절한 말씀 덕분에 잘 견딜 수 있었어. 나도 나중에 저런 친절한 간호사 선생님이 되어서 나처럼 아픈 아이들을 도와주고 싶어.'라고 생각할 수 있습니다. 일상에서 혹은 특별한 경험을 통해서 아이는 자신에게 감명을 준 롤 모델을 찾을 수 있습니다. 롤 모델을 찾았으면 아이와 그 롤 모델의 어떤 부분을 닮고 싶은지, 또 다르게 살고 싶은 부분은 무엇인지 이야기를 나눠 보면 좋습니다.

파워공식의 첫 단계인 목적 찾기를 위해 자녀에게 하면 유용한 질문은 다음과 같습니다.

power Question

- 너는 어떻게 살고 싶어? 왜 그렇게 살고 싶어?
- 넌 무엇을 할 때 제일 좋아? 그게 왜 좋아?
- 너는 어떤 사람이 되고 싶어?
- 어떻게 사는 게 잘 사는 걸까?
- 누군가에게 도움이 필요하다면 넌 도와주고 싶어? 어떻게 도와줄 수 있을까?
- (누군가를 도와준 경험을 한 후) 기분이 어때?
- 네가 생각하는 인생을 잘 사는 사람은 누구야?
- 그 사람의 어떤 모습이 마음에 드니?
- 그 사람과 너와 어떤 점이 같아? 어떤 점이 달라?

목적 찾기뿐만 아니라 나머지 4단계도 아이가 스스로 성장하는 데 초점을 맞춥니다. 그래서 단계마다 부모님이 자녀에게 자극이 되고 도움이 될 수 있는 질문의 예를 수록합니다. 다시 한번 강조하지만, 자아정체성을 찾는 것은 아이가 스스로 해야 합니다. 그러므로 부모는 답을 대신 찾거나 말해 주지 말고(부모가 알고 있는 것이 답이 아닌 확률이 99%입니다.) 질문하세요. 좋은 질문은 답을 하는 사람이 깊이 생각할 수 있게 만듭니다. 질문의 답을 찾기 위해 생각하는 과정이 자녀가 자아정체성을 찾아가는 보물찾기 시간이 되기를 바랍니다.

또한 파워공식은 단계별로 진행되는 것이 아닌 5단계가 동시에 상호작용을 합니다. 이해를 돕기 위해 단계별로 설명하였으나 나머지 4단계의 과정이 결국 인생의 목적을 찾고, 자아정체성을 확실하게 하는 과정인 것을 미리 밝힙니다.

## Opportunity, 기회를 주기

파워공식의 두 번째는 자녀에게 기회를 주는 것입니다. 이때 주어져야 하는 기회는 실패해 볼 기회입니다. "실패가 성공의 어머니"라고 한 토머스 에디슨Thomas alva Edison이나 "실수한 적이 없는 사람은 결코 어떠한 새로운 시도도 하지 않는다."라고 말한 알베르트 아인슈타인Albert Einstein의 조언에 고개를 끄덕이지만, 부모님들은 막상 자신의 아이가 실패하는 것은 달가워하지 않습니다. 정확하게 이야기하면, 부모가 실수하고 실패하는 아이를 바라볼 자신이 없다는 것이 맞는 표현일지 모르겠습니다. 아이가 되도록 실수나 실패 없이 평탄 대로를 달렸으면 하는 것이 부모의 마음입니다.

그러나 실패는 성장에 꼭 필요한 요소입니다. 누구든 어떤 일을 처음부터 잘할 수는 없습니다. 아가들은 목을 가누는 것부터 뒤집고, 기고, 앉고, 걷는 것을 수없이 실패하며 배워 갑니다. 단어 하나를 비슷하게 말하기 위해 수백 번, 수천 번 실패하며 말을 배웁니다. 유명한 운동선수들이나 연주자, 학자들도 초보자부터 시작하여 그 자리에 이른 사람들입니다. 피아노 앞에 앉자마자 쇼팽을 연주할 수도, 영어책을 사자마자 원어민처럼 영어를 말할 수도, 스케이트 신발을 신자마자 김연아 선수처럼 스케이트를 탈 수도 없습니다. 모든 사람은 아주 오랫동안 실패를 거듭한 연습 과정을 통해 최고의 자리에 올라갑니다. 물론 타고난 능력이나 요건의 차이는 있습니다. 예를 들면, 농구를 잘하려면 키가 큰 유전자를 타고 나는 게 유리하겠지요. 그러나 키가 크다고 다 농구선수로 성공하는 것은 아닙니다. 신체조건이나 선천적 능력이 도움은 되겠지만, 연습 과정이 없이는 실력 향상이 되지 않습니다.

그래서 실패할 기회를 준다는 것은 시도할 기회를 준다는 것과 같은 말입니다. 시도하면 무조건 실패하게 되어 있으니까요. 대신 시도를 많이 할수록 성공할 확률은 높아집니다. 하루라도 먼저 시도하면 하나라도 더 배울 수 있게 됩니다.

파워공식의 두 번째인 O, '기회를 주기'는 다음과 같습니다.

1. 아이가 선택한 일을 스스로 할 수 있는 기회를 주세요.

어떤 일이든 한 번에 잘 안 되는 것처럼 열 번, 스무 번 했다고 잘하지 못할 수도 있습니다. 다만, 잘될 때까지 실패로부터 배우며 꾸준히 시도하는 태도가 중요합니다. 영국의 귀족이면서 정치인이었던 알버트 그레이Albert Gray는 "성공한 사람들은 실패한 사람들이 하기 싫어하는 일을 한다. 그들도 하기 싫기는 마찬가지다. 다만 하기 싫은 마음보다 목표를 달성하려는 마음이 크기 때문에 하는 것이다."라고 말했습니다. 목표와 목적이 단단하게 있다면, 실패가 반복되어도 계속할 수 있게 됩니다. 성공할 때까지요. 이 태도가 아이의 인생에 소중한 자산이 될 것입니다. 사람은 실패해서 좌절하는 것이 아니라 더는 일어날 소망이 없어서 좌절하기 때문입니다.

2. 아이가 실패하면 아이 옆에 있어 주세요.

실패하는 것은 쓰리고 아픈 경험입니다. 이때, 부모님이 아이 옆에 있어 주는 게 중요합니다. 별다른 말을 하거나 무엇을 하지 않아도 됩니다. 그냥 옆에 같이 있어 주기만 해도 아이는 위로받고 힘을 얻습니다. 이렇게 실패할 때 같이 있어 주면 어느덧 회복탄성력이라는 마음의 근력이 강한 아이를 발견하게 되실 겁니다.

중학교 2학년인 서희는 어릴 때부터 발레를 했습니다. 여느 아이들처럼 공주 옷 같은 발레복을 입고 예쁘게 춤추는 모습이 좋아 발레를 시작했죠. 중학교에 진학할 무렵 서희는 발레를 전공하기로 했습니다. 소질이 있고, 무엇보다 서희가 좋아해서 서희 부모님도 서희의 결정을 지원해 주기로 했습니다. 그런데 얼마 전 오디션에 참가했다가 떨어지는 경험을 했습니다. 서희 엄마 말씀으로는 방에서 혼자 울 정도로 많이 힘들어했다고 해요. 열심히 준비하고 기대한 만큼 실망도 컸겠죠. 서희 엄마는 묵묵히 그 과정을 함께해 주었습니다. 그리고 감사하게 서희는 금세 털고 일어났습니다.

3. 실패를 통해 배울 수 있는 점을 같이 찾아 주세요.

서희 엄마가 잘하신 것은 서희가 회복할 때 좋은 질문을 하신 겁니다. 서희 엄마가 한 질문은 "이번 오디션에서 어떤 점이 힘들었어? 다음에 어떻게 준비하면 도움이 될까?"였어요.

실패를 반가워하기 위해서는 부모님의 의식과 태도가 매우 중요합니다. 아이는 결국 부모님이 하는 말 한마디로 실패를 어떤 시선으로 바라볼지 결정하게 될 테니까요. "됐어. 네가 그렇지 뭐. 그만해."라는 말은 아이가 실패할 때 주저앉은 채로 머물게 합니다. "이 세상에 한 번에 잘하는 사람은 없어. 어떤 게 부족했을까? 어떻게 하면 다음에 더 나아질까?"라는 태도가 아이를 자리에서 일어나게 하는 힘을 불어넣어 줄 수 있습니다. 성장 마인드셋을 기반으로 긍정의 언어를 사용하면 아이의 회복탄성력을 기르는 데 큰 도움이 됩니다. 그리고 부모님도 그런 태도로 사는 게 좋습니다. "이번에 승진이 안 됐어. 속이 상하긴 하는데, 지난 프로젝트에서 성과를 많이 못 낸 게 사실이니까, 이번 프로젝트는 성과를 더 낼 수 있게 해 봐야겠어."라는 태도를 보이면 아이는 부모님이 굳이 말하지 않아도 다시 시도하는 부모님을 보면서 실패를 성장의 발판으로 삼는 것을 배우게 될 것입니다.

실패뿐만 아니라 모든 순간에는 반드시 배울 점이 있습니다. 그러나 배우려는 태도를 가지지 않으면 배울 점을 찾지도 못하고, 설령 배울 점이 보여도 배우려고 하지 않습니다. 그래서 비록 시도했던 일은 실패했지만, 이 실패를 통해 반드시 무엇인가는 배울 거라는 겸손한 자세가 필요합니다. 아이와 함께 실패를 통해 배울 수 있는 점을 찾았다면 더는 실패가 아닙니다. 실패를 통한 더 값진 성장입니다.

4. 배운 점을 적용해서 같은 일을 다시 시도해 보도록 격려하세요.

'아, 이번 실패로 이런 것을 배웠어.'라는 것에서 멈추면 안 됩니다. 그 배운 점을 다시 적용해서 시도해 봐야 합니다. 이때는 전략이 중요합니다. 지난번 시도 때 실패한 원인을 파악하고, 이번 시도 때는 성공할 수 있도록 접근해 보는 자세가 필요합니다. 오디션에 실패해서 힘들어하던 서희는 다음 오디션을 준비했습니다. 지난 오디션에서 부족했던 점을 보완하여 연습에 몰두했습니다. 분명 실패한 것은 감당하기 힘든 일이지만, 그랬다고 거기에서 멈추면 성장할 기회를 놓칩니다. 다행히 서희는 다음 오디션에서 합격했습니다.

5. 아이가 선택한 일을 자신감을 가지고 할 수 있을 때까지 이 과정을 반복하게 하세요.

4번의 과정을 적용하여 시도해도 또 실패할 수 있습니다. 여러 번 실패할 수 있습니다. 다시 실패 원인을 분석하고 재시도하면서 아이가 자신이 선택한 일을 잘할 수 있을 때까지 실패하고 다시 시도하는 일을 반복해야 합니다. 결국 실패하는 과정은 연습하는 과정이고, 이 과정을 통해 실력을 향상하게 됩니다. 그래서 실패를 많이 했다는 것은 실력이 늘고 있다는 반증이기도 합니다. 다음 오디션에 합격해서 역할을 맡았던 서희는 공연을 준비하는 과정에서도 여러 번 좌절하는 일이 있었습니다. 그리고 그 후에 진행하는 오디션들에서 불합격하는 일도 많았습니다. 그러나 그때마다 배우며 성장하고 있습니다. 앞으로도 실패는 반복될 겁니다. 중요한 것은 실패에서 머물지 않고 계속 나아간다는 점입니다.

파워공식의 두 번째 단계인 실패할 기회를 줄 때 도움이 되는 질문은 다음과 같습니다.

**power Question**

- 무엇이 가장 힘들었어?
- 실패하니까 어떤 점이 힘드니?
- 여기서 멈추고 싶니? 아니면 다시 해 보고 싶어?
- 어떤 점을 보완하면 좋을까?
- 다음에 그 부분을 보완하기 위해서 무엇이 필요하지?
- 어떤 도움이 있으면 좋겠어?


실패를 다시 정의하면 좋겠습니다. '실패'라고 적고, '다시 시작하기'라고 읽으십시오. '실패'라는 단어를 긍정어로 재해석해 부모님도 아이도 실패할 때마다 다시 시작하라는 뜻이라고 이해하고 자리를 털고 일어나서 다시 시도하기를 바랍니다.

## Wait, 몰입할 때까지 기다리기

자녀의 자아정체성을 돕는 파워공식의 세 번째는 자녀가 몰입하는 순간까지, 그리고 몰입하는 동안 기다리는 것입니다. 저는 세상에서 제일 힘든 것이 기다리는 것이라고 생각합니다. 모두가 그렇지는 않겠지만 대부분 부모님도 아이가 집중하고 몰입하는 순간까지 기다리는 것이 힘들 겁니다. 기다린다는 것은 주도권이 본인에게 없다는 뜻입니다. 그래서 불확실한 상황이 지속되고, 이로 인해 불안감은 가중됩니다. 아이가 제대로 하고 있는지 확인하고 싶고, 점검하고 싶을 수 있습니다. 그런데 중간에 부모님들이 마음이 편해지자고 한 질문들이 아이의 집중력을 흐릴 수 있습니다. 부모가 기다리지 못하고 개입하면 아이는 '우리 부모님은 나를 못 믿는구나.'라는 생각을 할 수 있습니다. 그리고 그 생각은 빠르게 전염이 되어 아이 자신도 불안하게 만듭니다. 결국에 부모가 기다리지 못하면 아이에게 안 좋은 영향을 미치게 됩니다. 아이를 위해 이왕 기다려야 하는 거, 조금은 더 편한 마음으로, 더 나아가 기대하고 설레는 마음으로 기다릴 수 있으면 좋겠습니다. 그러면 부모님이 기다려야 하는 아이의 몰입하는 순간은 언제일까요?

몰입은 무엇인가에 모든 정신을 집중하는 일을 말합니다. 몰입할 때, 집중한 것 외의 다른 잡념이나 방해물은 차단됩니다. 몰입하는 대상만 세상에 존재하는 듯한 경험입니다. 배가 고픈 것도 잊고 긴 시간을 몰입해 본 경험이 있나요? 무엇인가에 집중하다가 문득 정신을 차려 이렇게 시간이 많이 흘렀나 놀라 본 경험이 있다면 몰입을 경험해 본 겁니다.

헝가리 심리학자 미하이 칙센트미하이[Mihaly Csikszentmihalyi]는 몰입한 상태를 '물 흐르는 것처럼 편안한 느낌', '하늘을 날아가는 자유로운 느낌'이라고 표현하며 시간 흐름, 공간, 심지어 자신에 대한 생각까지 잊어버리는 심리적 상태라고

몰입 유형도[10]

정의했습니다. 몰입은 과제의 난이도와 몰입하고 있는 사람의 실력이 둘 다 높을 때 경험할 수 있습니다.

학업에 있어 많은 아이가 '불안' 상태에 있습니다. 공부와 시험 같은 과제의 난도는 높으나 배우고 이해할 수 있는 실력이 부족하기 때문입니다. 점차 실력을 키워 각성의 단계로 넘어가야 합니다. 파워공식의 2단계인 실패를 경험하고 다시 도전하는 연습을 할 때 불안에서 각성 단계로 넘어갈 수

---

10 출처 : 『Finding flow: the psychology of engagement with everyday life』, Mihaly Csikszentmihalyi, 1997

있습니다. 자신의 임계점을 한 번 더 넘겨서 실력이 향상되면 몰입의 상태를 경험할 수 있습니다.

게임은 사람의 이런 심리를 이용하여 몰입을 할 수 있도록 잘 만들어졌습니다. 게임은 할수록 난이도가 높게 설정이 됩니다. 다음 단계로 넘어가게 되고, 그 과정에서 기술을 익히고 실력을 향상하다가 몰입하는 경지에 이릅니다. 게임에 몰두해 있는 아이들은 아무리 큰 소리로 불러도 대답을 안 합니다. 엄밀히 말하면 대답을 안 하는 게 아니라 실제 아무 소리가 들리지 않는다는 것이 정확한 표현입니다. 왜 이렇게 게임을 오래 하냐고 물으면 "조금밖에 안 했어요."라는 대답도 정직한 표현입니다. 흠뻑 빠져서 몰입했으니까 시간의 흐름도 짧게 느껴집니다.

파워공식의 3단계인 W, '몰입할 때까지 기다리기'위한 방법은 다음과 같습니다.

1. 재미있는 일을 찾게 도와주세요.
몰입하려면 무조건 재미있어야 합니다. 여기서 말하는 재미는 일반적인 재미와는 다릅니다. 어떤 아이들은 공부가 재미있다고 합니다. 알아가는 쾌감, 어려운 문제를 도전하고 풀었을 때 성취감, 나도 할 수 있다는 자신감, 더 해 보고 싶다는 열의 등이 어우러져 재미를 만듭니다. 아이마다 재미를 느끼는 일이 다 다릅니다. 그러나 재미있는 일을 할 때 몰입 호르몬인 도파민이 나옵니다. 그리고 도파민은 아이들이 그 일을 더 집중해서 오래 할 수 있게 합니다. 재미있는 일은 다름 아닌, 파워공식의 1단계 목적 찾기에서 아이가 좋아하는 일, 2단계에서 실패하고 다시 시도하기를 반복했던 그 일입니다.

2. 아이가 선택한 일을 할 때, 도전 과제의 난이도를 아이의 실력보다 한 단계 높게 설정하세요.

아이가 선택한 일을 할 때는 과제의 도전 수준이 아이의 현재 수준보다 약간 높게 설정되어야 합니다. 도전할 과제의 수준이 너무 쉬우면 흥미를 잃고, 너무 어려우면 시작도 하기 전에 지레 겁을 먹고 포기하게 됩니다. 1부터 10까지 수준이 있다고 하면, 현재 2 수준인 아이에게 설정되어야 하는 도전 과제는 3이 적당합니다. 그 도전 과제를 수행할 수 있도록 실력을 갖추는 방법을 자세히 알려 주고 파워공식 2단계인 '실패하는 기회'를 계속 주어야 합니다. 그리고 아이의 실력이 느는 것에 맞춰서 점차 도전 과제의 난이도를 올려야 합니다.

3. 과제를 하면서 필요한 실력을 쌓을 수 있도록 기술을 배우고 연습하게 하세요.

실력을 갖추기 위해서는 상세하고 자세한 도움이 필요합니다. 예를 들어, 농구를 배운다고 하면 공을 잡는 방법, 드리블하는 방법, 슛 할 때 자세나 손동작 등 수준에 맞춰 상세한 지침과 충분한 연습을 할 수 있게 해야 실력 향상에 도움이 됩니다. 수학을 배울 때도, 진도에 맞춰 개념과 풀이법을 차근히 배우는 게 필요합니다. 부모님이 직접 알려 주는 게 어려우면 학원이나 동호회 등의 도움을 받을 수 있습니다. 요즘은 서적, 유튜브나 블로그 등에서도 전문 지식을 예전보다 쉽게 얻을 수 있으므로 아이에게 도움이 되는 방법을 찾아보면 됩니다. 그리고 한번 시작한 취미생활이나 활동들은 최소 2년 이상 꾸준히 하면 실력을 향상하고 끈기를 기르는 데 도움이 됩니다. 『그릿』의 저자 안젤라 더크워스 Angela Duckworth 는 2년 이상 같은 취미생활이나 활동을 한 아이가 그렇지 않은 아이에 비해 후에 학업 성취도가 뛰어났고 인생을 살다가 난관에 부딪혔을 때 더 잘 견디고 다시 도전한다고 밝혔습니다. 아이가 지루해하면 도전 과제 수준을 높이고, 너무 힘들어하면 실력을 향상할 수 있도록 격려하면서 중도에 포기하는 일 없이 최소 2년 이상은 꾸준하게 한 가지 취미생활이나 활동을 하며 몰입의 단계로 나갈 수 있도록 돕는 것이 좋습니다. 실력을 갖추는 과정은 파워공식 2단계인 실패할 기회를 얻는 과정과 같습니다. 계속 실패하고 수정하고 연습하면 실력이 향상됩니다.

4. 집중하고 몰입할 수 있도록 노력을 격려하는 칭찬을 하세요.

EBS 다큐 프라임 '칭찬의 역효과' 방송에서 흥미로운 실험을 소개했습니다. 실험에 참여한 아이들은 방에 한 명씩 들어가서 주어진 문제를 풀었습니다. 문제를 다 풀고 아이들 앞에 2개의 상자를 보여 주고 하나를 고르게 했습니다. 한 상자는 '방금 푼 문제와 비슷한 수준의 문제지'가 들어 있고, 다른 상자에는 '더 어려운 수준의 문제지'가 들어 있었습니다. 한 그룹은 비슷한 수준의 문제지를, 다른 그룹은 어려운 수준의 문제지를 골랐습니다. 그 원인은 첫 번째로 주어진 문제를 푸는 동안 교사가 한 말에 있었습니다. 비슷한 문제를 고른 아이들은 "너 참 똑똑하구나." "머리가 좋구나."

등의 지능에 대한 칭찬을 받았고, 어려운 문제지를 선택한 아이들은 "너 노력을 많이 하는구나." "어려운 문제인데, 차분하게 잘 풀었어."라고 노력에 대한 칭찬을 들었습니다. 지능을 칭찬받은 아이들은 자기가 똑똑한 것을 계속 증명하기 위해 비슷한 수준의 문제를 선택했고, 노력을 칭찬받은 아이들은 어려운 문제를 푸는 것에 도전해서 자기가 노력하는 아이라는 것을 증명하고 싶었던 것입니다.

더 놀라운 것은 그다음에 '같은 문제를 푼 친구들의 점수' 상자와 '방금 푼 문제 해설지'가 담긴 다른 두 상자를 보여줬을 때 어떤 상자를 선택하냐였습니다. 지능에 칭찬을 받아서 비슷한 수준의 문제를 선택했던 아이들은 대부분 친구의 점수를 확인하고 싶어 했습니다. 자기가 친구와 비교해서 얼마나 똑똑한지 알고 싶었기 때문입니다. 반면 노력을 칭찬받은 아이들은 자기가 푼 문제의 풀이가 어떻게 되는지 알고 싶어 했습니다. 이 아이들은 문제의 풀이가 자기에게 도움이 될 거로 생각했습니다.

아이가 스스로 집중하고 성장하고자 노력하게 하려면 부모님이 어떤 말을 하느냐가 아주 중요한 역할을 합니다. 아이의 노력을 칭찬해 주세요. 더 나아질 수 있다는 기대를 알려 주세요. 집중할 수 있는 자세한 방법을 지도해 주세요. 그래서 아이가 자기의 수준보다 더 어려운 도전 과제를 스스로 선택하고, 그 과제를 수행하면서 자신의 실력도 향상되어, 지속적으로 발전할 수 있도록 돕는 것이 아주 이상적입니다. 친구의 점수보다는 문제 해설을 궁금해할 수 있도록, 자신의 성장과 발전에 집중할 수 있도록 지원하기를 바랍니다.

파워공식의 세 번째 단계인 몰입하기를 기다릴 때 필요한 질문입니다.

### power Question

- 집중할 때 어떤 기분이 들어?
- 다음 단계로 갈 때 필요한 게 있을까?
- 어떻게 하면 더 집중할 수 있겠어?

# Enjoyment. 즐기게 하기

"천재는 노력하는 사람을 이길 수 없고, 노력하는 사람은 즐기는 사람을 이길 수 없다."

얼핏 볼 때는 천재가 가장 잘할 거 같습니다. 그만큼 놀라운 재능을 타고 났으니까요. 하지만 아무리 타고난 재능이 뛰어나도 노력하는 사람을 이길 수는 없습니다. 물론 천재는 출발점 자체가 앞에 있습니다. 그런데 보통 재능을 타고난 사람이 꾸준히 노력하고 천재는 노력을 안 한다면 어느 순간 역전당하고 말 겁니다. 마치 '토끼와 거북이' 이야기처럼 말이죠. 그러나 이렇게 위대해 보이는 노력도 결국 즐기는 사람에게는 당할 수가 없습니다. 노력한다는 것 자체가 힘을 다해 애쓴다는 의미입니다. 그러나 즐기는 것은 굳이 힘을 쓸 필요도 애쓸 필요도 없습니다. 과정 자체가 즐겁기 때문에 지치지 않고 계속할 수 있게 됩니다. 그래서 즐기는 사람을 누구도 이길 수가 없습니다. 우리 아이들도 즐기는 단계로 넘어갈 때 그 일이 무엇이든 간에 천재보다 뛰어나게 될 것입니다.

파워공식 E, '즐기게 하기'는 다음 방법들로 이루어져 있습니다.

1. 집중하는 일을 꾸준히 하게 하세요.

몰입이나 집중을 경험하면 옆에서 누가 말려도 하던 일을 계속하고 싶어집니다. 재미있기 때문입니다. 아이가 집중하는 활동이 부모님 마음에 들지 않을 수도 있지만, 위험한 것이 아니라면 무엇이든 집중하는 경험을 하도록 존중해 주면 좋습니다. 집중과 몰입은 태도입니다. 집중과 몰입을 해 본 경험은 대상이 바뀌어도 더 쉽게 집중하고 몰입할 수 있게 합니다. 클라리넷 연주자는 연주법이 같은 색소폰을 쉽게 연주할 수 있습니다. 소리와 크기가 다르지만, 연주법이 같기에 다른 악기보다 쉽게 익히고 연주할 수 있습니다. 그러나 클라리넷을 연주하는 자체를 싫어하면 아무리 타일러도 색소폰 연주를 좋아할 가능성 자체가 희박합니다. 그러므로 집중과 몰입을 경험해 보는 것이 더 중요합니다. 부모님이 보실 때는 탐탁지 않았던 게임이나 놀이에 집중해 본 아이가 어느 것에도 집중해 보지 않은 아이보다 운동이나 공부 등 다른 활동에 집중할 확률이 높습니다.

2. 지금 집중하는 일 외에 아이가 좋아하는 또 다른 일을 찾아보세요.

무엇인가 한 가지에 집중하는 경험을 했다면 집중하는 대상을 확장할 필요가 있습니다. 집중 대상을 확장하면 아이가 처음에 집중하던 것을 더욱 즐길 수 있게 됩니다.

제 큰아이는 고등학교 1학년입니다. 중학교 2학년 때와 3학년 때 사춘기를 심하게 겪었습니다. 말수가 눈에 띄게 줄고, 친한 친구들과 문자를 계속 주고받고, 게임 안에서 친구들과 만나 대부분의 여가를 보내곤 했습니다. 게임을 할 수 있는 시간이 정해져 있었지만, 자율적 통제 훈련 부족으로 약속을 어기는 날이 더 많았습니다. 저는 아이가 친구와 게임에 집중하는 것을 발견하고, '아예 집중을 못 하는 아이는 아니구나.', '게임도 하고 싶고, 친구들도 좋아하는구나.', '그러면 됐다. 후에 아이의 성장에 더 도움이 되는 것을 만났을 때 아이가 집중할 수 있겠구나.'라고 생각하면서 게임을 하고 친구와 문자로 연락하는 일을 통해 집중 훈련을 하는 중이라고 여겼습니다. 그렇지만 아이가 게임에만 너무 빠져들지 않도록 계속 새로운 것을 탐색할 수 있도록 소개했습니다. 아이가 좋아하는 미술관도 가 보고, 좋아하는 책이 있을지 서점에서 살펴보기도 하고, 멈췄던 운동을 다시 시작해 보는 것도 제안해 보고, 피아노도 새롭게 배워 보고, 거의 2년 가까운 시간 동안 이런저런 다양한 시도를 했습니다. 하지만 별다른 성과가 없었습니다.

그러다 우연한 기회에 아이가 『해리포터』 책을 접하게 되었습니다. 제가 우연한 기회라고 했지만 2년간 다양한 시도를 했던 경험이 분명 작용했다고 생각합니다. 『해리포터』는 제 인생 책 중 하나입니다. 제 중고등학교 시절, 『해리포터』 신간이 나오는 날에 맞춰 서점에 책을 예약해 놓고 학교가 마치면 달려가 사서 읽던 책입니다. 너무도 재미있는 책이지만 다음 편이 나오기까지 수개월을 기다리는 것이 곤욕스러워서 아예 읽지 말까를 늘 고민하면서도 결국엔 읽게 되는 책, 저에게 참 많은 내적 갈등과 추억을 안겨 준 책입니다.

아이가 『해리포터』를 읽고 저와 책 내용을 공유하면서 재미를 붙이기 시작했습니다. 밤에 잠까지 줄여 가며 책을 읽었습니다. 게임을 하면서 한 집중 훈련이 드디어 빛을 발하는 순간이었습니다. 아이가 방에서 갑자기 소리를 질러서 가 보면 "엄마, 해리가 새 마술지팡이를 샀어요."라며 기뻐했습니다. 또 어느 날은 제 옆에 와서 "해리의 대부인 시리우스가 죽었어요."라고 말하고 한참을 울었습니다.

3. 집중하는 일과 새롭게 발견한 좋아하는 일의 연결점을 찾아보세요.

푹 빠져서 『해리포터』 책을 읽던 어느 날, 아이가 갑자기 책의 글귀를 인용해서 책갈피를 만들었습니다. 글과 함께 어울리는 그림도 정성껏 그렸습니다. 진심으로 좋아하는 엄마의 반응이 좋았는지, 몇 개의 책갈피를 더 만들더군요. 해리포터를 다 읽고, 『나니아 연대기』를 읽기 시작했습니다. 이 책도 제가 아주 좋아하는 책이어서 아이와 함께 서로의 생각을 나누면서 책을 읽었습니다. 그리고 『나니아 연대기』의 문구 '언젠가 동화책을 다시 읽을 나이가 될 것이다.'로 책갈피를 만들었습니다. 그 멋진 문구가 적혀 있는 책갈피는 제 것이 되었습니다.

그리고 책을 읽으면서 아이는 글을 쓰기 시작했습니다. 등장인물을 설정하고, 배경을 구상해서 소설을 쓰고 있습니다. 아직 초기 단계이지만 꽤 흥미진진한 이야기를 쓰고 있습니다. 나중에 책으로 출간하고 싶다고 합니다. 자기 책을 낼 때, 그리고 엄마의 책이 출간될 때, 독자에게 자기가 직접 디자인한 책갈피도 같이 주고 싶다고 합니다. 이렇듯 아이들은 집중을 경험한 일들이 서로 연결이 되어 확장되어 갈 때 더욱 즐길 수 있게 됩니다. 마치 신생 회사가 자리를 잡고 규모가 커지면서 취급하는 분야를 늘려 가는 것과 마찬가지입니다.

4. 또 새로운 좋아하는 일(파워공식 1단계)을 발견해서 집중하는 일을 더 즐겁게 할 수 있도록 확장하세요.

연결되고 확장되는 일들은 엉뚱한 곳에 있지 않고, 원래 아이가 좋아하던 일 중에서 찾을 수 있습니다. 제 큰아이는 그림이나 글을 쓰는 정적인 활동을 선호하는 아이입니다. 기질적으로도 위험회피가 높아서 새로운 것을 도전하기보다는 기존에 알고 하던 것을 할 때 안정감을 느끼는 아이입니다. 저희 아이가 책에 재미를 붙이고 몰입할 수 있었던 것은 기존 자신이 좋아하던 일이 확장된 것으로 볼 수 있습니다. 이 연결하고 확장되는 일은 보통은 아이가 스스로 찾아갑니다. 때로 부모님이 먼저 발견할 수도 있습니다. 아이가 아직 인지하지 못했지만 자주 반복하는 활동, 유독 집중하는 일들을 발견하고 아이에게 한번 해 보는 게 어떤지 넌지시 제안하는 것도 좋습니다.

예를 들어, 아이가 어릴 때부터 블록과 같이 구조물을 만드는 것을 즐겨 하고, 자라면서 과학에 관심이 많다고 해 봅시다. 주말에 진행되는 로봇 만들기 대회가 있다면 아이에게 추천해 볼 수 있습니다. 아이가 좋아하고 잘하는 일들이 서로 연결되어 아이가 더 집중할 수 있도록 도우며 진정으로 즐기는 경지에 이르도록 합니다. 아이마다 관심사가 다르므로 확장하는 영역과 방법도 다를 것입니다. 부모님이 '우리 아이는 뭘 잘하고 좋아하나?'라는 호기심 가득한 눈으로 아이를 관찰하며 아이가 집중하는 일을 확장해 갈 때 같이 기뻐하고 축하해 주기를 바랍니다. 그리고 함께 즐거워하기를 바랍니다.

파워공식의 4단계, 확장해서 즐기게 하기 위해서는 파워공식의 전 단계인 1단계 탐색하기, 2단계 실패할 기회 주기, 3단계 몰입할 때 기다려 주기가 지속적으로 상호작용하며 반복되어야 합니다.

    무엇인가를 하는 것은 다양한 기술이 복합적으로 작용하는 결과입니다. 예를 들어, 아이가 학교에서 과제를 발표할 때 책을 읽는 능력, 읽은 내용을 요약하는 능력, 요약 내용을 자기 생각과 함께 글로 적는 능력, 발표 내용을 파워포인트나 시청각 자료로 제작하는 능력, 발표하는 능력, 누가 질문을 하면 듣고 이해하는 능력, 사고하는 능력, 답하는 능력 등이 유기적으로 작용합니다. 만약에 아이가 발표를 즐겼다면, 위의 열거한 능력들을 집중하거나 몰입할 정도의 실력을 가졌다는 뜻입니다. 위의 열거한 모든 것을 한꺼번에 배우기에는 무리가 있으므로 아이가 선택한 것을 순차적으로 탐색하고 배우는 게 효과적입니다. 예를 들어 책을 읽는 것을 먼저 선택하여 실력을 갖추었다면 그다음에 요약하고 글로 적는 것을 연습합니다. 읽은 글을 요약하고 글로 자기 생각과 함께 적어 보는 활동은 앞에 먼저 하던 읽기와 연결하여 진행할 수 있습니다. 어느 정도 요약하고 글로 적는 것이 익숙해지면, 시청각 자료를 제작하는 방법을 배우고 연습하는 단계로 넘어갑니다. 이러한 식으로 한 가지 혹은 두 가지

정도 아이가 소화할 수 있는 범위로 차근히 확장해 나가는 것이 좋습니다. 선택하여 연습하고 집중하던 일이 어느 정도 수준까지 이르는 과정이 반복되어 이미 하는 일들과 서로 연결되고 확장되어 즐기는 수준까지 이르게 됩니다.

파워공식의 네 번째 단계인 즐기게 하기 위한 질문입니다.

power Question

- 네가 좋아하는 일들을 어떻게 연결할 수 있을까?
- 두 가지 일이 연결되면 어떤 장점이 있을까? 단점은?
- 지금 생각한 거 말고 다른 방법은 없을까?
- 그렇게 연결되면 누구에게 도움을 줄 수 있을 거 같아?
  주변에 이런 걸 필요로 하는 사람이 있니?
- 네가 생각한 일을 하기 위해 더 필요한 것은 무엇이야?
- 그걸 얻으려면 어떻게 해야 할까?
- 이미 알고 있거나 가지고 있는 것을 활용할 수 있을까?


아이가 자기 인생의 주인으로 행복하게 살기 위해서는 자아정체성이 견고해야 합니다. 자아정체성은 더 상세하게 자아존중감과 자기효능감으로 나눌 수 있습니다. 자아존중감은 '나는 누구인가?'에 대한 답으로 나는 사랑받을 만한 가치 있는 존재라고 믿는 마음입니다. 자아존중감이 높으면 주어진 상황, 과정, 결과를 자신과 분리할 줄 압니다. 반대로 자존감이 낮으면 상황, 과정, 결과와 자신을 동일시하지요. 그래서 실패하면 '내가 그 일에 실패했어.'라고 반응하지 않고, '나는 실패자야.'라고 반응하게 됩니다. 자기효능감은 캐나다 심리학자인 앨버트 반두라Albert Bandura가 제시한 개념으로 어떤 과제를 수행할 수 있는 능력이 자기에게 있다는 믿음입니다. 자기효능감은 '나는 왜 존재하는가?'에 대한 답이 확실할 때 높아집니다. 자신이 쓸모 있는 사람이고, 어떤 성과를 이룰 만한 유능한 사람이라고 믿는 것이지요. 아이가 건강한 자아정체성을 확립하기 위해 자아존중감이 존재 자체에 대한 증거가 된다면, 자기효능감은 존재 이유를 증명하는 근거가 됩니다.

 파워공식의 4단계까지 이루면 아이는 이미 자기가 무엇을 좋아하고, 그 좋아하는 것을 어떻게 실행하며, 실패가 있을 때 수정해서 다시 적용할 줄 알고, 관련한 다른 일들을 배우며 연결하고 확장하는 능력이 있다는 뜻입니다. 한마디로 아이가 선택한 일에 대해 아주 유능한 상태입니다. 이런 유능함은 학업이나 대인관계, 진로 결정뿐만 아니라 성인이 되어 인생을 살아갈 때도 큰 자산이 됩니다. 앞으로 만날 더 큰 산들과 풍파를 거뜬히 마주할 수 있는 태도까지 탄탄히 준비되어 있는 것입니다.

## Responsibility. 책임지게 하기

살다 보면 옳은 선택, 선한 행동만 할 수는 없습니다. 선택하고 실행하는 과정에서 의도와 다른 결과가 나올 수도 있고, 실수할 수도 있습니다. 결과를 책임진다는 것은 지금의 결과를 초래한 자신의 모든 선택의 책임이 본인에게 있다고 인정하는 성숙한 태도입니다. 또한, 자랑스러운 결과뿐만 아니라 부끄럽거나 끔찍한 결과도 수용하고 직면하는 용기 있는 태도입니다. 어떤 방법으로든 결과에 대해 책임진다는 신념으로 현재 할 수 있는 최선을 다하는 지혜로운 태도입니다.

파워공식 R, '책임지게 하기'는 다음 단계들로 이루어져 있습니다.

1\. 계획하고 실행하도록 격려하세요.

아이의 책임감을 키우는 것도 다른 것을 배우는 것과 같습니다. 책임을 져 보면 됩니다. 그 과정에서 실수도 하고, 실패도 경험하면서 책임을 지는 것이 어떤 의미이고, 책임의 무게가 어느 정도인지 스스로 알게 하는 것이 책임감을 키우는 유일한 방법입니다. 책임을 져 보면 다음번에 더 신중하게 선택하게 됩니다. 선택한 일을 더 성실하게 이행하려고 합니다. 선택과 행동을 가볍게 여길수록 후에 책임질 일이 무거워지는 것을 몸소 배웠기 때문입니다.

책임감을 가르치기 위해서 제일 먼저 해야 하는 것은 기한과 내용에 대한 계획을 아이와 함께 정확하게 세우는 것입니다. 대부분 문제가 발생하는 것은 부모와 아이가 다른 생각을 하기 때문입니다. 가령 공부를 하기로 했을 때, 부모님은 어떻게 생각하시나요? 휴대폰 보지 않고, 게임도 하지 않고 공부에 집중하기를 원하실 겁니다. 아이는 어떨까요? 휴대폰과 게임 할 것 한 후에 어쨌든 공부를 조금이라도 하면 한 거라고 생각할 겁니다. 그렇기에 기한과 상세 내용에 대한 계획이 없으면 책임을 지는 일은 불가능해집니다. 예로 학교와 학원 숙제, 다음 주에 치르는 시험 준비가 오늘 학습할 분량이면 대략 어느 정도 시간이 걸리는지 산출합니다. 그리고 그 시간을 언제 확보할 수 있는지 아이가 결정하게 합니다. 총 3시간이 필요할 때, 학원에 다녀온 저녁 8시 이후부터 밤 11시까지 공부하는 걸로 합니다. 이렇게 계획이 세워지면 아이가 스스로 할 수 있도록 그냥 두세요.

2. 계획대로 했으면 칭찬하세요.

아이가 계획한 대로 공부를 했으면 칭찬해 주세요. 이때 주의하실 점은 결과가 아닌 과정을 칭찬해 주셔야 합니다. 몇 문제를 맞고 틀리고, 점수가 몇 점인지보다 중요한 것이 계획한 기한 내에 성실하게 했다는 점입니다. 지금 부모님들이 집중하셔야 하는 것은 '책임감'을 기르는 것입니다. 책임감을 길러서 아이의 자아정체성, 즉 자신이 인생의 주인이라는 것을 분명하게 깨닫게 하는 것이 목적입니다. 그러니 공부를 잘하는 것은 차후 문제입니다. "약속한 3시간 동안 공부하느라 수고했다. 피곤했을 텐데, 게임하고 놀고 싶었을 텐데 잘 참았다. 기특하다. 너도 뿌듯하겠다."라고 노력한 과정을 칭찬해 주세요.

3. 계획대로 하지 못했을 때 부모가 대신해 주지 마세요.

계획한 대로 이행하지 못한 경우를 이야기해 보죠. 사실 이런 일이 더 자주 일어납니다. 계획은 했는데, 숙제는 했지만 시험공부는 못했을 수 있습니다. 집중을 못 해서 3시간 중에서 2시간은 하고 1시간은 딴짓을 했을 수도 있죠. 아니면 아예 3시간 동안 놀았을 수도 있고요.

이때 부모님이 어떻게 하시냐가 책임감을 기르는 성패를 가릅니다. 절대 부모님이 대신해 주지 마세요. 성급한 마음에 8시 10분부터 잔소리를 시작한 분도 계실 거예요. 9시부터는 부모님이 아예 아이 책상 옆에 같이 앉아 계실 수도 있고요. 휴대폰과 같이 방해될 물건을 밖에 두는 규칙은 도움이 되지만, 부모님이 아이를 붙잡고 일일이 같이하는 것은 사춘기 나이 때는 적합한 방법이 아닙니다. 스스로 할 수 있는 자립심을 키워야 합니다. 그게 바로 책임이고요.

『나는 내가 좋은 엄마인 줄 알았습니다』의 저자 앤젤린 밀러Angelyn Miller는 부모가 인에이블러Enabler가 되어 아이가 주인의식을 갖는 것을 방해하지 않도록 경고합니다. 인에이블러는 '조장자'라는 뜻으로 본인은 누군가를 도와주고 있다고 생각하지만 실제로는 자신에게 의존하게 함으로써 의존

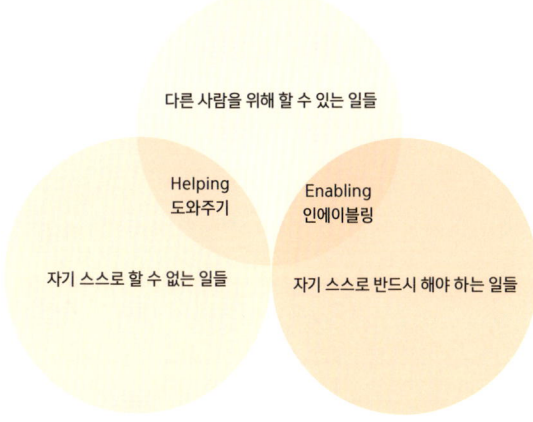

나는 인에이블러인가?[11]

자가 자율적으로 삶의 과업을 수행하여 성장할 기회들을 박탈하는 사람을 칭합니다. 안타깝게도 많은 부모님이 자녀를 사랑한다면서 아이가 스스로 독립할 수 있는 인격체가 되는 것을 방해합니다. 특히 아이가 져야 하는 자신의 선택과 행동에 대한 책임을 부모님이 대신 져 주고 있다면 자신도 모르는 사이에 인에이블러가 되어 있을 수 있습니다.

아이가 스스로 할 수 있는 일이면서 동시에 반드시 아이가 해야 하는 일에 대해서는 부모님이 도와주지 않아야 인

---

11 출처: 『The Enabler: When Helping Hurts the Ones You Love』, Angelyn Mille, Wheatmark

에이블러가 되지 않습니다. 그러려면 먼저 아이가 할 수 있는 일과 할 수 없어 도움이 필요한 일을 구분해 보아야 합니다. 아이에게 도움이 필요한 부분을 정확하게 파악해서 아이가 요청할 때 도와주어야 합니다. 아이가 할 수 있는 일이나 굳이 아이에게 필요하지 않은 일까지 지원하지 않아야 합니다. 그래서 혹여라도 사랑하는 아이의 성장을 방해하고 아이의 인생을 망치는 부모가 되지 않도록 유의하시기를 바랍니다.

4. 계획대로 완수하지 못한 결과는 자녀가 책임지게 하세요.

계획하고 수행하는 것이 어느 정도 익숙해지면 아이가 책임지기를 회피할 때도 부모님이 대신해 주면 안 됩니다. 그냥 두어야 결국 그게 자기 일이라는 것을 아이가 깨닫습니다. 사실 이 부분이 가장 어려운 부분입니다. 계획대로 공부를 못한 경우에 부모님이 도와주시면 안 됩니다. 밤 11시가 되면 단호하게 "이제 잘 시간이야. 다 못한 것은 내일 하도록 해. 대신 내일 분량도 있으니 더 부지런히 해야겠다."라고 말씀하세요. 오늘 아이의 선택이 내일 아이의 시간에 영향을 미친다는 것을 몸소 체험하게 하세요. 이것은 비단 공부하는 것에만 속하는 것이 아닙니다. 자기 방을 정리하거나 정해진 집안일을 하는 것, 친구나 선생님과 약속 등 생활 전반을 포함합니다. 책임을 진다는 것은 아주 작은 일부터 큰일까지 같은 원리가 적용됩니다.

5. 다음번에 계획대로 수행할 방법을 찾아서 계획을 다시 세우게 하세요.

기질적으로 책임을 더 잘 지는 아이가 있습니다. TCI 검사에서 '인내력'이 높은 아이는 미래를 준비하는 성향이 강해서 책임감도 더 높습니다. '위험회피' 기질이 높은 아이도 스스로 불편한 것을 제거하기 위해 마감 기한을 어기는 것을 선호하지 않을 수 있습니다. 원인은 다르지만, 결과적으로는 책임을 더 잘 지는 모습을 보입니다. 그러나 그렇지 못한 아이도 있습니다. 일을 미루고 책임지는 것을 회피하는 성향이 강한 기질이라면 부모는 아이와 짧은 기한을 정하고 그 기한 동안 어떻게 책임을 질 수 있을지 상세하게 계획하는 것이 필요합니다. 아이가 어떤 기질을 가지고 있든 부모는 아이가 다음번에 좀 더 책임감을 가질 수 있도록 돕는 데 주력하는 게 좋습니다.

상세하게 계획을 세우는 것은 시험을 준비하거나 학업 과제를 책임지는 일과 일상생활에서 아이가 해야 할 일을 책임지는 연습을 하는 데 모두 효과적입니다. 계획을 세우는 것은 짧은 시간 동안 적은 목표를 책임지는 훈련을 하는 데 도움이 됩니다.

  한 번에 100가지 일을 책임지는 것은 부담스럽고 힘들지만, 한 가지만 책임지는 것은 해 볼 만합니다. 예를 들어, 시험까지 1달이 남았다면 시험 범위를 먼저 확인하고, 매주 공부할 내용을 나눕니다. 4주로 나뉜 범위를 다시 일 단위로 쪼개서 하루에 해야 할 공부 분량을 구분합니다. 그리고 하루의 양을 공부하는 데 사용 가능한 시간별로 다시 나눕니다. 시간별로 공부하고 계획한 글씨에 줄을 긋거나 옆쪽에 체크 표시를 하면 성취감을 느낄 수 있습니다. 작은 성취감은 다음 한 시간을 집중하는 힘이 됩니다. 이렇게 한가지씩 책임을 지다 보면 본인도 모르는 사이에 20가지, 70가지, 100가지를 책임질 수 있게 됩니다. 계획을 세우면 해야 할 일도 명확하게 볼 수 있어서 맡은 일을 수행하는 과정이 흐트러짐 없이 진행되도록 돕는 역할도 합니다. 돌발상황이나 일정이 변경되는 경우에도 수정하기가 쉽습니다. 어디부터 어떻게 손을 대야 할지 모르겠다고 중도에 하차하는 경우는 세부계획이 잘 세워지지 않아서 그런 경우가 많습니다.

파워공식의 마지막 단계인 책임지게 하는 데 유용한 질문은 다음과 같습니다.

### power Question

- 해야 할 일들이 뭐야?
- 기한은 언제까지니?
- 혹시 기한 안에 못 맞출 경우 차선책을 찾을 여유 시간이 있니?
- 없다면 어떻게 계획하는 게 만일을 대비할 수 있을까?
- 해야 할 일들을 기한 안에 마치려면 분량을 어떻게 나눠서 계획해야 할까?
- 시간은 어느 정도 소요될 거 같아?
- 언제 할 수 있겠어? 그 시간에 집중이 가능한 시간이니?
- 계획대로 마치니 기분이 어때?
- 계획대로 못 하니 기분이 어때?
- 어떻게 해야 계획대로 할 일을 마칠 수 있을까?
- 무엇이 있어야 할 일에 집중하는 데 도움이 되겠니?

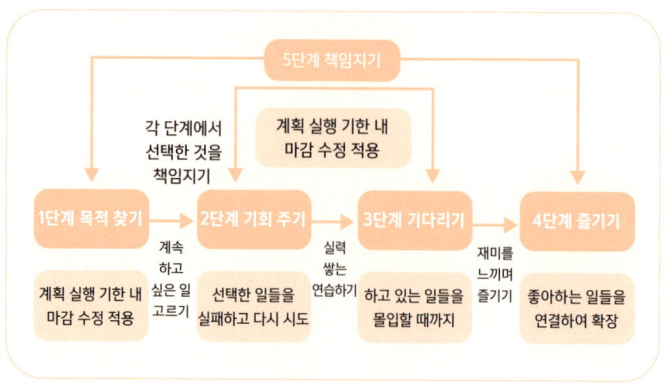

파워공식 모형도

　학업을 통해 입시를 준비하는 사춘기 아이가 시험 결과를 덤덤하게 받아들이고, 다음에 더 좋은 결과를 얻기 위해서 전략을 세우면 책임감도 키우면서 실력을 향상하는 데 도움이 될 것입니다. 파워공식은 순차적으로 소개했지만 다섯 가지의 단계가 상호 작용하며 유기적으로 영향을 미칠 때 놀라운 힘을 발휘합니다. 향상된 실력은 몰입할 힘을, 결과를 받아들이는 책임감 있는 행동은 실패를 발판으로 삼는 경험이 될 것입니다. 아이가 자신의 책임을 더 잘 질 수 있도록 격려하며, 진정 좋아하는 일을 확장하여 즐길 수 있도록 이끌어 줄 것입니다. 파워공식이 우리 아이의 정체성을 찾는 기쁘고 감동적인 순간을 함께하며, 아이의 성장을 돕는 도구가 되기를 바랍니다.

## 스타일쌤 MEMO _ 교육의 목적

강연을 통해 만나는 분 중에 이미 자녀를 다 키우신 분들이 종종 계십니다. 그분들은 하나같이 "제가 아이를 키울 때 이 강연을 들었으면 얼마나 좋았을까요?"라며 아쉬움을 토로하셨습니다. 어떤 분은 "앞으로 손주 키울 때라도 배운 대로 해 봐야겠어요."라고 다짐을 하기도 하고, 또 어떤 분은 "아직 아이가 어린 부모님들은 저같이 기회를 놓치는 실수를 안 하고 자녀를 잘 키우면 좋겠네요."라고 후배 부모들을 격려하기도 합니다.

최선을 다해 자녀를 키우고 나도, 지나고 나면 후회가 남는 게 양육입니다. 키울 때는 혹시 놓치는 게 없을까, 잘못되지는 않을까 불안해하는 게 육아입니다. 아이를 키우는 환경도 불안을 가중하는 데 한몫하죠. 우리 아이가 학교 폭력의 피해자나 가해자가 되지 않을까? 술이나 담배, 심지어 요즘은 약물이나 마약에 노출되지는 않을까? 그러나 불안해한다고 아이가 잘 크지 않죠. 후회한다고 다시 시간을 돌려 아이를 도와줄 수도 없죠. 부모님이 할 수 있는 것은 지금 할 수 있는 최선을 다하는 일뿐입니다. 저는 교육의 목표가 지금 당장 눈에 보이는 아이의 행동을 이끄는 게 아니라고 확신합니다. 교과목 성적을 올리기 위해, 어른께 고개 숙여 인사하는 모습을 보기 위해, 무엇이든 '네' 하고 대답하게 하려고 교육하는 것이 아닙니다.

교육의 진정한 목표는 부모의 손이 닿지 않을 때, 부모의 말이 들리지 않을 때를 위한 겁니다. 친구들과 어울리며 누군가를 괴롭히는 상황에서 아니라고 말할 수 있는 힘, 한 번은 괜찮다며 담배와 마약을 권할 때 거절할 수 있는 힘. 아이가 하지 않아야 할 것과 해도 되는 것을 구분하고 스스로 결정할 수 있는 힘을 기르기 위해 교육이 필요합니다. 그래서 교육의 본질은 지식 전달이 아닌 관계성에 있습니다. 내가 나쁜 길로 가면 슬퍼할 부모님을 생각해서 자신을 다잡을 수 있는 관계성 말이죠.

자녀를 도울 기회들은 많이 있습니다. 안타까운 것은 그 좋은 기회를 잡지 못하는 경우가 많다는 것입니다. 이 책을 읽고 계시는 여러분은 아직 자녀가 여러분의 품 안에서 있다면 여러분에게 찾아온 좋은 기회를 놓치지 말고 잡기를 바랍니다. 혹여 지금까지 주어진 기회를 놓친 것 같아도 너무 낙담하지 마십시오. 지금부터 어떻게 하느냐가 더 중요합니다. 부모의 예상과 다르다고 아이의 흥미를 꺾는 실수를 그만하고, 아이가 진정 행복하고 기쁘게 할 수 있는 일을 찾도록 아이에게 기회를 주세요. 그리고 아이가 그 일을 찾았다면 그 일을 잘할 수 있도록 곁에서 응원하며 믿어 주기를 바랍니다. 곁에 서서 묵묵하게 지지해 주는 부모님이 계신다는 사실만으로도 자녀는 자기 인생의 주인으로 살아갈 큰 힘Power을 얻을 것입니다.

에필로그

## 너와 나를 살리는 '스마일, 파워'

여느 부모님들이 그러한 것처럼 저도 아이를 '잘' 키우고 싶었습니다. 특히 저는 교육학을 전공한 아주 열정 가득한 엄마였으니까요. 그런데 막상 어떻게 키우는 게 잘 키우는지 잘 모르겠더라고요. 기준이 없다 보니 이것저것 해 봤어요. 아무것도 안 하기에는 불안감이 너무 컸거든요. 그런데 이랬다저랬다 하는 저를 보며 아이가 같이 불안해하는 거예요. 그 모습에 정신이 들었습니다. 그래서 그때부터 저만의 양육철학을 다시 정리하기 시작했어요. 아이를 잘 키운다는 것이 무엇인지, 왜 양육을 해야 하는지, 이 시간을 통해 제가 얻고자 하는 것은 무엇이고, 아이에게 주고 싶은 것은 무엇인지 고민하고 정리해 갔어요. 그리고 저는 그 답을 '관계'에서 찾았습니다. 제가 원하는 단 하나를 고르니 '아이와의 좋은 관계'더라고요. 아무리 대단한 것을 줄 수 있어도 관계가 깨지면 소용이 없기 때문이죠. 손이 많이 가는 시기에도 짜증 내지 않고 아이를 사랑스럽게 볼 수 있는 관계, 나중에 커서도 집착하지 않고 아이를 응원할 수 있는 건강한 관계, 나이가 들어 독립한 후에도 "엄마, 뭐 하세요? 보고 싶어서 전화했어요." 하고 연락할 수 있는 그런 관계 말이죠.

그런 좋은 관계를 맺으려면 어떻게 해야 할까 연구를 거듭한 끝에 탄생한 것이 바로 '스마일공식'입니다. 스마일공식은 철저하게 아이와의 좋은 관계를 유지하는 데 초점이 맞춰져 있습니다. 그리고 이 공식을 적용해야 하는 분은 부모님입니다. 아이가 아닌 부모님이 바뀌어야 합니다. 스마일공식을 적용하는 과정에서 부모님들의 의식이 바뀔 겁니다. 제가 그랬던 것처럼 말이죠. 그리고 그 바뀐 의식이 부모님과 아이의 좋은 관계를 유지해 줄 거예요.

스마일공식 덕분에 저는 제 아이들은 물론이고 제 학생들, 주변 사람들과도 좋은 관계를 잘 유지하고 있습니다. 그런데 아이들이 점점 커 가며 무엇인가 부족한 점이 발견되었어요. 아이가 무엇을 시도하다가 쉽게 포기하는 모습이 자주 관찰되었습니다. 처음에는 어려서 그러려니 했습니다. 그러나 시간이 지나도 개선이 되지 않았어요. 저는 나름대로 아이를 존중한다는 의미에서 아이 스스로 무엇이든 선택할 기회를 주는 편이었습니다. 그런데 그게 사실은 방임에 가깝다는 것을 공부하다가 알게 되었습니다. 선택은 자유롭게 하도록 해 주되 그 선택을 실행할 수 있는 실력을 갖추도록 지원해 주지 않았던 제 부족함을 발견하였습니다.

아이가 성장하는 데 필요한 요소들을 모아 '파워공식'을 만들었습니다. 그리고 파워공식이 완성되었을 때 막 중학생이 된 큰아이에게 적용하였습니다. 전에 보였던 중도에 포기하는 일이 눈에 띄게 줄어드는 모습을 보며 지금도 아이의 자아정체성이 든든하게 확립될 수 있도록 적용하고 있습니다. 둘째 아이는 이 책의 초고를 완성한 날 열 살이 되었습니다. 이제 막 10대에 입성한 둘째 아이에게는 파워공식을 더 잘 적용해 보려고 합니다. 그리고 아직 말을 배우고 있는 세 살인 막내도 사춘기를 지날 때 파워공식을 통해 도와주려고 합니다. 특히 보통 사람들과 다른 식이요법을 하며 살아가야 할 제 막내 아이가 '나는 왜 남들과 다를까?'로 고민하며 시간을 허비하는 대신 '나는 특별해.'라는 마음으로 자기의 인생을 즐겁고 행복하게 살아갈 힘을 갖기를 바랍니다.

21세기 인공지능과 경쟁하며 대한민국에서 살아가야 할 사춘기 아이들이 건강한 정체성을 가지면 좋겠습니다. 외국에서 살며 자아정체성의 더 큰 혼란을 겪는 이민 2세들이 자기가 누구인지 정확하게 알고 행복하게 살면 좋겠습니다. 그 자녀들을 도울 수 있는 마지막 양육의 시기인 사춘기를 보내면서 서로의 자립과 독립을 잘 준비하는 부모님들이 되기를 바랍니다. 결국, 아이들은 부모의 품을 떠나야 합니다. 부모가 언제까지 자녀 옆에 붙어서 일일이 해야 할 일과 행동을 알려 줄 수는 없습니다. 품 안에 있을 때, 품을 떠난 자녀가 건강하고 자율적으로, 행복하고 감사하게 자신의 인생을 살아갈 수 있도록 가르쳐야 합니다. 그것이 우리 부모들이 해야 하는 자녀의 진정한 독립을 위한 일입니다. 스마일 공식과 파워공식으로 부모와 함께 성장하길 응원합니다.

## 강미라 작가 소개

미국에서 세 아이를 키우며, 뉴저지 주립대인 Rutgers 대학교 교육학 박사과정에서 교육환경 디자인을 전공하고 있다. 20년 가까이 교육업계에 종사하면서 아이들의 성장과 변화가 주는 기쁨에 감사하고 있다. 처음에는 아이들을 통제하는 것이 제대로 교육하는 것이라고 착각하는 교사였다. 아이들이 스스로 동기를 찾을 때 비로소 제대로 된 교육이 이루어진다는 것을 깨달은 후에, 모든 교육철학이 바뀌었다. 작가의 뼈아픈 시행착오를 통해 아이들을 통제하려는 부모와 교사들을 위한 '스마일공식'과 '파워공식'을 개발하게 되었다. 두 공식은 부모가 자녀의 잠재력과 성장을 발견하는 '의식'을 갖게 해 주고, 자녀는 잠재력을 최대한 발휘하여 성장할 수 있는 '환경'을 구축하는 데 목적이 있다. 누구나 성장할 수 있는 교육환경을 스스로 만들 수 있다고 믿는 작가는 국내외 부모와 교사를 위한 강연과 코칭을 온오프라인에서 진행하고 있으며, CTS뉴욕방송 '자녀교육' 프로그램에 메인 강사로 활동하면서 각자의 '교육환경'을 만들도록 돕고 있다.

인스타 instagram@smile__solutions
이메일 smile.solutions119@gmail.com
네이버 카페(사춘기부모행복연구소) https://cafe.naver.com/momsradio

# 오늘의 스마일 ☺

| **S** top  멈추고 호흡하기 | 복식호흡 후, 나의 달라진 생각이나 느낌은? |
|---|---|
| **M** essage  진짜 메시지 찾기 | 나의 진짜 욕구가 무엇인가?  아이의 진짜 욕구는 무엇인가? |
| **I** mage  거울 보고 웃는 얼굴 연습하기 | 거울 보고 웃는 나의 얼굴을 보며, 어떤 느낌이 드는가?  아이에 대한 생각은 어떻게 달라지는가? |
| **L** anguage  부정어를 긍정어로 바꾸기 | 오늘 내가 바꿔야 할 부정어는 무엇인가?  어떻게 긍정어로 바꿀 수 있을까? |
| **E** xpress  진심을 표현하기 | 오늘 나는 자녀에게 진심을 어떻게, 뭐라고 표현할까? |

# 오늘의 파워

| | |
|---|---|
| **P** urpose<br>목적을<br>찾게 하기 | 아이가 목적을 찾을 수 있는 질문을 하였는가? |
| **O** pportunity<br>기회를 주기 | 아이가 선택한 일을 스스로 해 볼 수 있도록<br>기회를 주었는가? |
| **W** ait<br>몰입할 때까지<br>기다리기 | 아이가 집중하고 몰입할 수 있도록<br>칭찬과 격려를 하였는가? |
| **E** njoyment<br>즐기게 하기 | 오늘 아이가 즐기는 일을 새롭게 발견하였는가?<br><br>그것은 무엇인가? |
| **R** esponsibility<br>책임지게 하기 | 오늘 아이는 스스로 계획한 일을 실행하였는가?<br><br>그것에 대해 충분히 칭찬하였는가? |

사춘기 자녀와 부모가 함께 성장하는 마법의 공식
# 스마일공식

| | |
|---|---|
| 1판 1쇄 발행 | 2024년 7월 5일 |
| 지은이 | 강미라 |
| 펴낸이 | 김태은 |
| 책임편집 | 최유정 |
| 마케팅 | (주)맘스라디오 |
| 디자인 | 김선미 |
| 펴낸곳 | 스타라잇 |
| 출판등록 | 2020년 3월 31일(제 409-2020-000020호) |
| 주소 | 서울시 마포구 월드컵북로 400, 5층 1호 |
| 전자우편 | starlightbook@naver.com |
| 팩스 | 0504-051-8027 |

ⓒ 강미라, 2024

ISBN 979-11-980644-9-3   13590
잘못 만들어진 책은 구입하신 곳에서 교환해 드립니다.
본 책은 저작자의 지적 재산으로서 무단 전재와 복제를 금합니다.
책값은 뒤표지에 있습니다.